きみは自分が思っているより、10倍、20倍、30倍の力があるんだよ

愛場千晶

徳間書店

はじめに

わたしが若かった頃、1990年代後半に、南米ペルーのマチュピチュで出会った不思議な老人に「人生がうまくいく話」を聞いて、以後ひそかに実践しつづけた経験をセミナーで伝えてきました。

このことを本にしたいなと思っていたときに、ある出版社の方に「ありがとうは時代遅れだよ。他の人がすでに言っているからね。だぶっちゃうから、いらないよ」と言われてしまい、本にすることを断念していました。

それから数年がたったときに、出版の話があり、2015年7月に『自分の名前に「ありがとう」を唱えると奇跡が起こる！』の本を出すことになりました。

この本は、実は違う出版社から出すことになっていたのですが、編集者が打ち合わせの時間を間違えて来なかったりなどのトラブルが続き、挙句に編集者が病気になってしまって止まってしまったのです。
そのあとも2年も放っておかれて、最終的にお互いにストレスになるからやめましょうということで、頓挫《とんざ》してしまいました。

そのときは正直、もっと早くやめようと言ってくれたら、原稿を他の出版社に持っていけたのに「なんでだよ、こんなに引っ張といて！」と腹が立ち、ぶつぶつと文句を言いたくなったのですが「愚痴《ぐち》を言ったら運が落ちる」と思い、頭によぎった文句の言葉を飲み込み、「キャンセル、キャンセル、今思ったことは思わなかったことにします」と唱えて、心が落ち着いたところで、長い呼吸法をして瞑想をしました。

嫌なことがあったときは、長めの呼吸法で自律神経を整えるとよいので、いつもの数倍の時間かけておこないました。そして、
「実名の体験談を200名以上集めたのに、すべてボツになるなんて、宇宙さん、何とかならないの!?」

と問いかけてみました。

すると「本は出るから、大丈夫だよ」というメッセージがすぐに返ってきたのです。

「え〜今のは何？　どういうことだろう」と思って、目を開けました。

「〝本は出るから、大丈夫だよ〟というメッセージがきたよね？　どういうことだろう」と思いながら安心したのか、そのまま眠ってしまいました。


翌日、久しぶりに名古屋の知り合いから連絡があり「今東京にいるんだけど、会えない？　ピアノの生演奏があるおしゃれなカフェがあってね……」と誘われて、打ち合わせを兼ねて会いに行ったら、そのカフェの隣の席に、たまたま知り合いの出版社の社長がいたのです。

彼はそのカフェから出るところで、1分ずれていれば会えなかったであろうタイミングでした。

この名古屋の知人とわたしは同じ出版社で本を出したことがあり、その社長とは顔見知りでした。

その社長を見たときのわたしの顔を写真で撮ったら、すごい顔をしていたのではないかと思います。驚いたなんてものではありませんでしたから。

わたしは「えっとえっと、話しかけないと、出ていっちゃう！」と、頭の中は真っ白になっていました。


けれども同時に、前日の瞑想で受け取った「本は出るから、大丈夫だよ」というメッセージを思い出しました。「驚いている場合じゃない。彼は出ていっちゃう、話さなくちゃ。こんなタイミングはめったにない」と焦って社長を捕まえると、

「お久しぶりです。愛場です。昨日ちょうどボツになってしまった本の原稿があって、3分お話しさせてください」

と、マシンガンのように話しました。

すると、これまでの経緯を聞いてくれた社長は、「じゃあ原稿を送って。編集者に伝えとくから」と言ってくれて、4か月後には本になったという不思議な形で世に出るこ

とになったのです。

本当に漫画みたいなタイミングでした。「そんなに都合のいいことはあるわけないよ」と言う方もいますが、わたしはよくこういったラッキーな偶然が起こるのです。

「運は自分でつくれるのですね」

この本を出したことで、多くの方から嬉しい感想をいただきました。

「『自分の名前にありがとう』なんて思ってもいませんでした」

「唱えたら、こんなにいいことがありました！」

「読んだら涙が止まりませんでした」

ただ、出版に至るまでのトラブルが続いたので、わたしの中では、「本なんて面倒だから出さなくていいかな」と思っていたのですが。

この本はロングセラーになり、その後も多くの方から連絡をいただきました。

「膝の痛みが軽減して歩けるようになった」

「散歩をしながら1時間、自分の名前を毎日唱えていたら、借金が返済できました！

身体が軽くなって、いいことずくめです」

「〝(自分の名前)○○さん、ありがとう〟がこんなにすごいとは思わなかったです」


「自分ほど不幸な人間はいないと思っていましたが、本の内容を実践していったら、いいことが起こって、ツキが回ってきました。運は自分でつくれるのですね」

「〝風呂、めし〟しか言わなかった主人に、本人がいないところで実践してこっそり、主人にありがとうを唱えたら、不思議なことに、会話が増えました。これからも続けます」

「不登校の子供に使ってみたら、学校に行き始めました」

「子どもがいじめられなくなりました」

さらに、

「わたしは刑務所にいます。この本を読んで〝自分は生まれ変われる〟と思いました」

「施設にいますが、この本を読んだり、愛場さんの音声を聞いていると体調がいいんです」

というお手紙もいただきました。

その中の一つに、印象に残ったものがありました。

「この本を読んで、人生で初めて希望が持てました。自分の名前にありがとうを唱えたら、涙が止まらなくなり嗚咽《おえつ》しました。今まで60年間、ずっと不幸の連続でした」

この方の手紙は、こんな不幸、あんな不幸、と不幸な出来事がずらりと並んだ長いものでした。

いろいろあって外に出ることはできないけど、本は買って読めること。そして、最後に「わたしも変わりたい。わたしの人生が良くなるために、運気が上がる魔法の言葉を教えてください。わたしのために本を書いてください」

そう綴られていました。手紙からも切羽詰まっているのを感じました。

この方の手紙を読んで「本かぁ……、そういえば、昔教わった宇宙の智慧を伝えるときが来たのかな？」とふと思いました。

「そうだ！　ペルーの賢者の教えを書いてみようかな？」と思い、一気に書き上げて、出版社に送ってみたら、タイミングが良くて、３か月後に本になりました。

それが、『自分の名前に「ありがとう」を唱えるとどんどん幸運になる！』でした。


そして、この手紙をくれた女性は、わたしの本を何度も何度も穴が開くほど読んでくださり、付属の二次元コードから聞ける音声も聞き続けて、「断絶していた兄弟とも仲良くなり、自分の非を赦《ゆる》してもらえて、孤独からも解放され、友人ができ、体調もよくなり、いいことがどんどん起こっています。ありがとうって大事ですね」と連絡をくださいました。

皆さんの不思議な体験

このペルーの賢者の教えは大好評で、読者の方から「不思議な体験をしました」という連絡も複数いただきました。

本の中に、皆さんが自分の名前を書くところがあって、そこにエネルギーが入るようにしているのですが（本書の212ページにもあります）、

「名前を書いたとたんに、涙が止まらなくなりました」

「本の中にある記入欄に自分の名前を書き込むと、その途端にこんなイメージが湧き上がりました。本がパーっと光って、本の中から真っ白い大きな手がフワッと出てきたと思うと、わたしを抱きしめたのです。なんかホラーっぽいと思われるかもしれませんけど（笑）。

しばらくそのイメージに浸っていると、大きな安心感に包まれました。不思議な体験をしました」

「最初に目次を見て、まずは指定された記入欄に、自分の名前を書き込んでから、読むことにしました。それで記入欄にあるページを開いて名前を書こうとすると、突然、涙がジワっと出てきたのです。

そのまま書き込んで、何度も『ゆみさん（自分の名前）、ありがとう』と唱えてみました。すると、さらに涙が出てきて止まらず、しばらく泣きっぱなしでした。そのとき、わたしは変われると思えたのです」

「名前を書いたら、文字が浮かび上がってきて、心に焼き付くようになったわたしにとってのバイブルです。いつも持ち歩いています」

という不思議な感想も多くいただきました。

そして、続編の『自分の名前に「ありがとう」を唱えるとみるみる幸福ゾーンが開く』も出させてもらいました。

そのペルーの賢者の教えを、「もう少し聞きたい」と皆さんに言われていますので、ここでお伝えしたいと思います。

CONTENTS

第4章 人間関係をよくする力

第5章 豊かになる力

第6章 問題解決する力

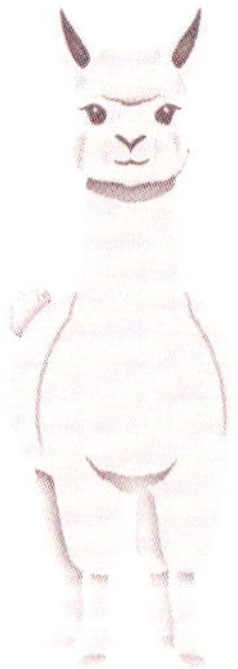

第7章

病気になってしまったら

装丁　三瓶可南子
カバー画／本文イラスト　浅田恵理子
編集　豊島裕三子

第1章

ペルー賢者が教えてくれたこと

ペルー賢者との出会い

わたしが若いとき、セミナー会社でヒーリングの仕事を始めたばかりの頃です。

ペルーのマチュピチュ遺跡を歩いていて、名前は忘れてしまいましたが、ある山への入口をみつけ、ふらふらと興味本位で入り込んでしまいました。

標識がスペイン語で書かれた矢印のようなものしかなくて、言葉の意味がまったくわかりませんでした。当時は今のようにスマホがあるわけではなく、インターネットの検索はパソコンだけだったのです。

今だったら絶対にやらないのですが、若気の至りで何にも考えずに、ハイキング気分でどんどん歩いていきました。

歩いても歩いても、誰ともすれ違わなくて、不安になって戻ろうとしたのですが、戻ったつもりで同じところをぐるぐると回ってしまっているようでした。

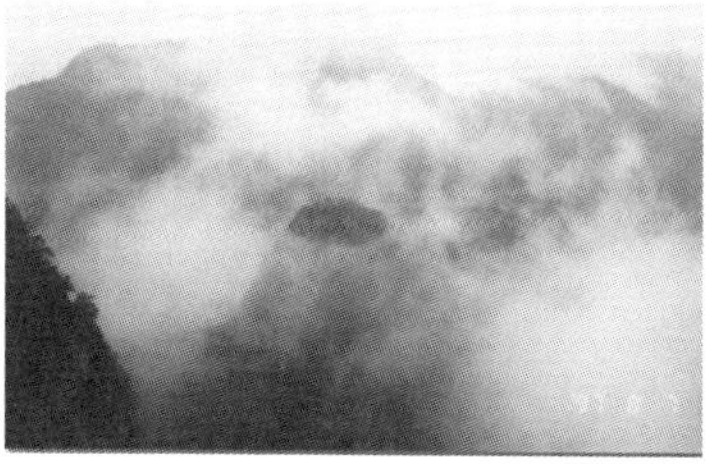

霧に包まれたマチュピチュ周辺の山

ペルーのマチュピチュ遺跡

半泣き状態で「どうしよう、日本に戻れないかも……」そんなことを考えるようになり、恐怖が襲ってきました。

そして、怖くて、怖くて、その場にぺたんと座り込んでしまいました。

そのときです。どこからか老人が現れて、ニコニコしながらこっちに向かってくるではありませんか。

「人だぁぁ、助かった～」ほっとして、涙がにじんできました。

その老人には初めて会ったのに、どこか懐かしい感じがしました。

「道に迷ってしまいました。戻りたいのです」

と言おうとしたわたしの言葉を遮《さえぎ》り、その老人は、

「よく来たね。待っていたよ」

と言うのです。

「待っていた？」疲れて言葉が聞き取れないのかもと、自分の耳を疑いました。

すると、もう一度ゆっくりと「朝からきみを待っていたんだよ。わたしもこの山は久しぶりに歩いたよ」と言うのです。

わたしは約束した覚えがなかったので、「待っていた」と言われて、困ってしまいました。

ちあ（愛場、以下同）「人違いです。わたしはただ道に迷っただけで……」
賢者「確かにきみだよ。だって東洋人だろう？」
ちあ「はい、日本人です。でも……」

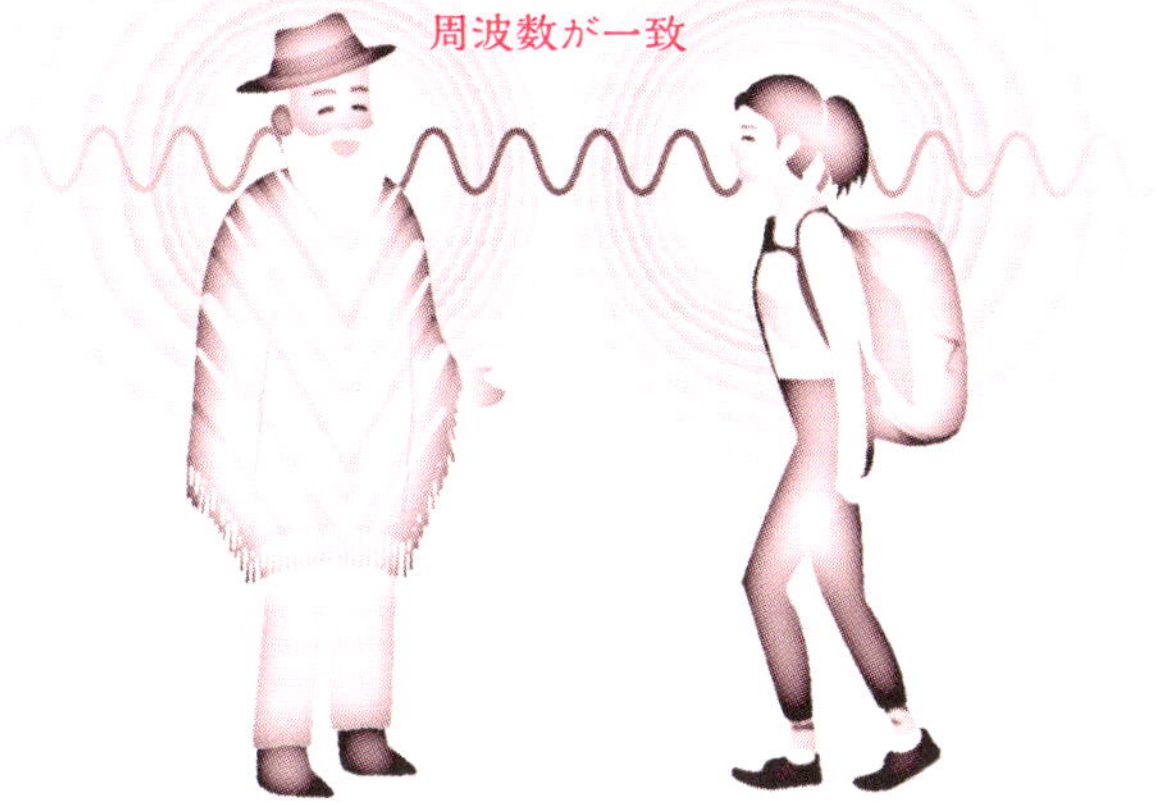

賢者「絶対きみだよ。だってきみは瞑想をしているだろう？　それも相当いい先生について習っている。図星だろう？
　きみは瞑想をやっているから、わたしの周波数をキャッチする力も強いんだよ。

　わたしはもうすぐ100歳になる。天国に行く前に〝人生がうまくいく宇宙法則〟を伝えたいと思って瞑想をしていたら、きみがその周波数に同調してやってきた。きみがわたしの周波数をキャッチしたのだよ。

　これは必然だよ。

　今朝、〝瞑想修行をしている東洋人と出逢う〟とメッセージが来て、誰だろうなぁとワクワクしていたのだよ」

わたしがいい先生について、瞑想を学んでいるのは当たっていました。日本に初めて瞑想を伝えたと言われている山田孝男先生の指導を受けていて、毎週2時間かけて東京から山梨の無人駅まで通っていたのです。

ちあ「確かにいい先生についています。でも、道に迷ったのが必然？　この山に入り込んだのが必然？　それってどういうことなのでしょうか？」

賢者「**この世に偶然はないってことだよ。すべて必然だよ。**だってきみは、きみの心の奥底で、宇宙の法則を知りたいって思っていただろう？」

ちあ「確かに瞑想を習い、山田先生は欲しいものすべてを手にしました。物質だけではなくて、〝心の平安や欲しい情報も手に入ります〟と、おっしゃっていて、そういう法則をもっと詳しく知りたいなと思っていたのも事実でした。

わたしがそう思っていたところに、教えたいなと思っていたあなたと出会ったということなのでしょうか？」

賢者「そうだよ、その通りだよ。**すべては周波数だよ。**

それに先生を選ぶことは大事だよ。いい先生に恵まれることは、とっても幸運なことだよ。なかなか本物の先生と出会えないからね。

いい先生に出会ったということは、きみは運が強いからだよ。業法を選ぶよりも先生を選べと言われているのだよ。どんな方法を選ぶかではなく、誰に教わるかが大事だよ。

同じことを教わるのでも、誰にならったかで結果は違ってくるからね。

きみはとっても恵まれているよ。相当いい先生に出会ったのだからね。

今は瞑想を教えるよい先生がいないからね。瞑想でいい体験をすると、教えるのではなく、自分が体験を追い求めるから、先生になろうという人はいないよ。

だからその教えをしっかり学びなさい。瞑想を極めなさい。

さて、人生が上手くいく法則を伝えるからメモを取ってね。

簡単でシンプルで、誰にでも使えるこの法則をきみに託すよ」

そう言われました。


この老人の顔は優しそうなのに、言葉は有無を言わせない迫力がありました。

これは真剣に聞かないといけないと思い、慌ててバッグからペンとメモを取り出しました。

人生がうまくいく法則

この不思議な老人は「人生がうまくいく法則」を教えてくれました。

人生を変えるありがとうのパワー、言葉の法則、口から出た言葉や心の中で思った言葉はすべて、他人に向けたものであっても、いずれ自分に戻ってくる。

だから自分の言葉に責任を持つこと。この世は周波数でできていること、運気を変えたいなら、自分の周波数を変えること、などでした。

この老人はその法則を使い、お金も得て、成功もし、人生を謳歌して、晩年は一人になったので、ペルーで瞑想をしてのんびり暮らしていたそうです。

彼はかつて世界中で大流行して、多くの人が亡くなったスペイン風邪にかかって死にそうになったそうですが、不思議な力で回復をしたと言います。

20代で死を覚悟したそうですが、この宇宙法則を使って、「**絶対生きる、絶対生きる。まだまだやりたいことがある。もっと人生を楽しむ。もっと楽しむ**」と唱えて、病気が回復していったと言います。

その100歳の老人は、「自分の人生はうまくいったけど、この法則を人に伝えてこなかったのが心残りだ。誰かに伝えよう」と思い、瞑想をしたら、「東洋人と出会う」というメッセージが来て、わたしと出会ったそうです。

この老人の素性はそれ以上のことはわからないのですが、オーラから出ている存在感は、何やらすごい人だというのは分かりました。

わたしの瞑想の師である山田孝男先生のオーラは、透明で輝いているといったらいいのか、強いオーラというよりも、その輝き方は、神様じゃないかと思ったほどです。

山田先生のようなすごいオーラの人は見たことがないのですが、その老人は山田先生に匹敵するぐらいの輝かしいオーラを持っていました。

賢者は「言葉の力」の話をしてくれて、「ありがとう」の持つパワーの話をしてくれました。

そしてそのあとに、こんなことを言ったのです。

きみは、自分が思っている以上の力があるんだよ

賢者「まずは自分の名前に〝ありがとう〟を唱えることだよ。
そのうえで、すごい魔法の言葉を教えよう。
きみは、自分が思っている以上の力がある。
今きみが思っているより、10倍、20倍、30倍の力があるんだよ。
きみだけじゃないよ。みんながそうなんだよ。

もうすでに、才能開花している人でも、その10倍は持っているんだよ。
どんなにダメだと思っている人でも、10倍のパワーがあるんだよ。
つまり、生まれ変われるパワーを自分の中に持っているんだよ。

けれども、ほとんどの人がこの事実に気がついていない。

気がつかないから問題なんだよ。

自分が素晴らしい存在だと気づいたら、悩むこともなくなる。

〝自分の中に運命を変える力がある〟って気がついたら、病気に悩むこともなくなるし、自分の中に病気に打ち勝つ力があると気がついたら、人生は変わるよ。

病気は気づき、行動を変えなさい、考えを変えなさい、食べ物を変えなさいという気づきだとわかって、それを変えていったら、良くなっていくはずだよ。

寿命だって自分で決められるよ。長生きしたいと思ったら、元気で長く生きられる。

人間関係に悩んだら、この力を使うと解決法がひらめくし、いい人たちに囲まれて過ごすことだって可能だよ。

お金だって困ることはなくなるよ。必要なものが手に入るし、欲しい情報も入ってくる。才能も開花するし、自分らしく輝いた人生を送れるんだよ。

自分の中にとてつもない力があることを、ほとんどの人は知らないだろうけど、実はあるんだよ。

それを使ったら、願望も次々に実現していくはずだよ」

ちあ「自分が思っている10倍、20倍、30倍の力があるとはどういうことですか？
想像できないのですが……」

賢者「みんなが持っている力だよ。ほとんどの人がそれに気づかないで過ごしている。

一部の人は気がついていて、能力を発揮している人もいるけどね。

一流のスポーツ選手や優れた芸術家は、知らず知らずにその力を発揮していることも多いんだよ。

ボールが止まって見えるというアスリートの話を聞いたことはあるかな？

彼らはこの力を使っているんだよ。

能力を発揮して、人生を謳歌しているかどうかは、このパワーを使っているかどうか

の差なんだよ」

ちあ「誰でも持っている力ですか？　どんな人でも持っているということですか？」

賢者「例外なく、どんな人もだよ。**世界中の誰もが持っている力だよ。**
犯罪者だって生まれつきじゃないだろう。生まれつきの犯罪者なんていないしね。
どこかで変わってしまって悪の道に入ってしまっただけで、生まれつき犯罪者なんていないんだよ。赤ちゃんの犯罪者なんて聞いたことがないだろう？

誰だって、本来はこの素晴らしい力を秘めているんだよ。誰だって持っている。
困ったときも、この力を使うと、たちまち問題が解決するんだよ」

ストーカーにハグして許しました

ちあ「何でも解決できる力ということですか？　もっと前に知りたかったです。

少し前に人間関係がこじれてストーカーされたことがあって、大変な目に遭いました」

賢者「大変だったってことは過去形だけど、もうすでに解決したってことかい？」

ちあ「はい、わたしの瞑想の先生が間に入ってくれて、終わりにしようとなり、その彼とハグをして赦しました」

賢者「きみはストーカーにハグをしたのかい？」

ちあ「はい。もう電話しないと約束してくれたので。当時は一日何十回も電話があり、携帯の番号を教えていないのになぜか彼は知っていて、本当に困っていました。

友だちに相談をしたら、彼女が山田先生に伝えてくれて、皆が集まり、皆の前で〝許そう〟って決めたのです。

〝じゃあ仲直りね〟と言われて、握手ではなく、ハグをしました。

そのときに〝ああ、ストーカーをハグできるなら、誰だって許せるな〟と思いました。

以来、その人からの電話はなくなり、その後もいい友人として、普通に接することができるようになりました」

賢者「それはいい体験をしたね」

ちぁ「〝人間関係に悩むことがあったら、瞑想で解決できる〟と聞いて、それからは人間関係で悩むことはぐんと少なくなりました。

苦手な人と縁が切れてきて、いい人ばかりが集まってくるようになりました。今はとても楽です」

才能を開花させるには

ちぁ「信用していた人に裏切られて、ひどい仕打ちをされたことで、人間恐怖症になりそうだったこともありました。その後にハンドパワーを得られるというエネルギー伝授を受けてから、不思議な体験をして、人生が１８０度変わりました。

世界がまるで変わって見えたのです。昨日と同じ景色、朝と同じ景色なはずなのに、すごく澄んで見えました。

〝世の中はこんなにきれいだったっけ？　わたしは今まで、なんて汚いフィルターで世界を見ていたのだろうか〟と痛感しました。

そのときに、宇宙の声が聞こえるようになって、〝自分をもっと大切にしなさい〟というメッセージが聞こえました。裏切られて自暴自棄になっていたのですね。

それではいけないと思って、人生を変えるんだと決めたのです。

エネルギー伝授のおかげですね。

それ以後、人間関係がガラッと変わり、苦手だった人が転勤したり、引っ越したりして、わたしの前からいなくなり、いい人にどんどん出会えるようになりました。

このときに聞こえた宇宙の声は、わたしを導いてくれる存在のようです。

今はヒーリングが面白くて、ヒーリングの勉強をしています。世の中にはいい人もいっぱいいる、と思えるようになって、人間関係はいい人に恵まれています」

賢者「ほらその力だよ。一部の人は直感として気づいているよ。瞑想をすると気づけるようになるね。

きみだって瞑想をしているなら、知っているはずだよね」

ちあ「瞑想で〝自分は素晴らしい存在なのだ〟と体感しました。でも、宇宙の智慧《ちえ》をまだ使いこなせていません。なんだか自分とはかけ離れた気がしていて。

瞑想で本来わたしたちは例外なく素晴らしい存在だということは体感しています。

心の奥底にしっかりと根付いています。

でも、そもそもわたしに、才能なんてあるのかな？　そんな風に思ってしまいます。

わたしの才能は開花するのでしょうか？」

賢者「瞑想の才能はあるんじゃないの？」

ちぁ「これは才能というか、訓練をしているだけで、才能というより、練習の成果かな？」

賢者「才能を開花をさせるには、訓練は必要だよ。

どんなに野球ができる選手でも　練習をしないと上達はしないよ。

野球に限らず一流のスポーツ選手たちはみんな練習をしているから、プロとして活躍しているだろう。

練習をしないプロ野球選手はいないよ。コツコツ練習をしているから活躍できるんだよ。

能力がある人ほど努力をして、さらに能力を発揮しているんだよ。

いくら才能があってもさぼっていたら、その能力はさび付いてしまうよ。

努力や練習をしないアスリートはいないだろう。

能力があっても、開花しない人はいっぱいいるしね。
才能には努力はつきものなんだよ。
だからその意味で、きみも瞑想の才能があるってことだよ。自信を持ちなさい」

ちあ「瞑想の才能といえば、過去世で山田先生と一緒に瞑想をしていたと言われたことがありました。わたしには記憶にないのですが、そういえば 瞑想を初めてやったときに、ものすごくいい体験ができたのは、そのせいなのかもしれませんね。
すごく疲れていて、肩がパンパンだったのですが、15分ほど瞑想をしたら肩の凝《こ》りがとれていて、おまけにメッセージももらえて、そのときに悩んでいたことの解決策が降ってきて、良い感情に包まれていたといういい体験をしたから、面白くて瞑想にはまりました。毎週2時間かけて、山梨の瞑想道場に通っています」

賢者「それはいいことだよ。瞑想を極めてごらん。困ることが起こらなくなるから。
困ることが起こったら、瞑想で解決策が浮かぶから、不安もなくなるし、直感もさえる。導かれている力が強くなるから、続けなさい」

人生を豊かにしてくれる力

ちあ「瞑想で意識が内側に向かうにつれて、わたしたちはより制限のない、自由な意識状態を体験するようになり、幸福感も増します。気づかなかった心の力、潜在能力にも目覚めます。

　この新たな能力を活用すると、健康、人間関係、仕事など、あらゆる問題を解決する力がアップすると習いましたが、あなたがおっしゃっているのは、この力のことですね？

　それが、今思っている自分の10倍、20倍、30倍の力があるということは、はじめて聞きました。そんなにすごいのですか？」

賢者「そうだよ。具体的にその力は、**ピンチを切り抜けたり、才能を開花させたり、人**

生を豊かにしてくれる力だ。

問題が起きたときだって、解決策がひらめいたりする。

ストーカーで何年も苦しんでいる人がいる中で、きみは数か月で解決したのは、早かったんじゃないかい？

ちあ「はい。話し合いの場が持てて、その日に解決しました。これはラッキーでしたね」

賢者「こういう力が、もっと、もっと、あるんだよ。**きみが思っている10倍、20倍、30倍はあると思ってごらん。**

なんでそれを使わないのか、もったいないよね。

そもそも自分はダメだと思いこんでいるから、使えないよね。

この力は、自分を否定していたら使えないんだよ。

誰もがこのパワーを持っているんだけど、そのパワーの周りに、無理に決まっている、できないだろう、自分には能力がないと否定してしまっているから、使えないんだよ。

きみは自己否定をしていなかったから、その力を使えたんじゃないかな？

でも、それはまだ、ごく一部だよ」

自分の名前にありがとうを唱えること

ちあ「エネルギーを伝授されたときに、自己否定は一切しないと決めました。

さらに瞑想で、誰もが素晴らしい存在だと体感して、そのときに自己否定はやめようと、心の奥底から思えたのです。

自己否定をしていたら、運気を落としてしまう、不幸を自ら呼び寄せてしまうと、瞑想でスーッと心の奥に入ってきました。

それからは、誰に何と言われても〝わたしは素晴らしいんだ〟って、心の奥に落としこみました。そういえばそれ以降、いいことがどんどん起きています」

賢者「このエネルギー伝授を人にやってあげるといいよ。きみは人を変える力があるから」

ちあ「そんなこと、考えたことがありません」

賢者「人を変えることができるのは、きみの才能の一つだよ。覚えておきなさい。

瞑想で誰もが素晴らしいという体験をしたから、人生が変わったんだね。

それは、宇宙の根本に触れたからじゃないかな？

ダイヤモンドの周りに、ヘドロがいっぱ

いつついていて、自分がダイヤモンドという宝物を持っていることに気がつけない。ヘドロ（自己否定や、文句、愚痴）が自分だと思い込んでしまう」

ちあ「はい、わたしの瞑想の山田先生は、〝人生を思い通りに生きてきました〟といつもおっしゃっていました。

さらに先生は〝人生は自分の思い通りにできるのに、なんでそれを信じないのか、僕は不思議で仕方がない〟ともおっしゃいました。

こういった力を誰もが備えていると気がついたら、もっと良い世の中になるでしょうね」

賢者「それは、〝自分はダメだ〟という厚いベールにくるまれてしまっているから。

だから本質が見えてこないんだよ。

そのベール、ヘドロを取る方法が、**まずは〝自分の名前にありがとうを唱えること〟**。

これが一番の鍵になるって伝えたよね。

自分の心の奥底にしっかりと入って、ゆっくりと唱えることが大事だよ。

最初は、自分の名前にありがとうを唱えてみても、変化を感じられなくて、途中で唱えるのをやめてしまう人が多いね。

〝自分はダメだ〟という殻に閉じこもり、自分の眠っているパワーを開かずにいる。そして、そのままずっと過ごしてしまう」

ちあ「本当にもったいないと思います。自分の中の力を信じたらいいだけなのに」

賢者「長年瞑想をしていると、自分の中に、気づいていないもっともっと素晴らしい力があることに気づけるようになるよ」

３つのことを唱えてごらん。人生が変わるはずだよ

ちあ「誰もがその力に気づけるようになるには、どうしたらいいですか？」

賢者「まずは、基本の**自分の名前に〝ありがとう〟をゆっくり唱えること。**

何度も何度も、たくさん唱えること。

名前というのは自分の根本だし、根っこにつながるパワーのある言葉なんだよ。

〝自分の名前を嫌いだ〟という人は、たいてい自分を嫌っているから。

そして、**わたしは自分が思っている以上に力がある、10倍、20倍、30倍のパワーがある。それを使うんだと強く思うこと。**

さらに、**その力を使って、人生を楽しむと決めること。**

この３つだよ。この３つを実行していったら、誰だって人生が変わるはずだよ。

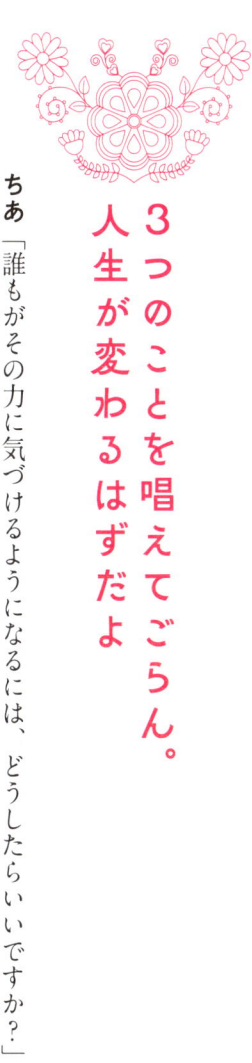

やり続けさえすればね」

ちあ「この3つですか？」

賢者「そんなに簡単で人生が変わるはずがないって思っているのかい？

そういう人が多いんだよ。きみもその一人かな？

残念だけど、そう思っているうちは人生は変わらないし、幸せと不幸の繰り返しがずっと続いていくんだよ。中には不幸のままの人もいるけどね。


まずはやってみようと思ってほしい。

リスクなんてないからね、**素直に信じてやってごらん。**

このときに疑ったら　効果は半減してしまうよ。

口に出した言葉も、心で思った言葉も同じだよ。

だから疑いながらやってはダメなんだよ。信じて使うことが大事なんだ。

基本である自分の名前に〝ありがとう〟を唱えてから、〝わたしは自分が思っている10倍、20倍、30倍のパワーがある。今は気がつかなくても、その力があることを認めます〟を、５分くらい唱えてごらん」

自己否定や疑いが強い人は？

ちあ「〝ちあきさん、ありがとう。わたしは自分が思っている10倍、20倍、30倍のパワーがある。今は気がつかなくても、その力があることを認めます〟。いい感じです。これだと、自己否定をしている人でも、言いやすそうですね」

賢者「そうだね、でも自己否定や疑いが強い人は、この言葉でも抵抗をしてしまうかもしれないけどね。

自己否定が強い人は、まずは〝自分の名前にありがとう〟をたくさん唱えることから始めるといいよ。

自己否定が強くても、本気で自分の人生を変えたいと思って、毎日少しずつ唱えていくと、次第に抵抗感が減ってきて、スムーズに言えるようになってくるはずだよ。

疑いながら唱えても効果は薄くなってしまうので、自己否定癖が強い人は、時間をかけてやる必要があるだろうね。

変わりたいという本気の意思、思い×唱えた回数かな」

チア MEMO

この力を使うと決めてみませんか

――誰でも自分が思っている10倍、20倍、30倍のパワーが眠っている。

その力を使うと、願望達成、才能開花、豊かさの享受、人間関係がうまくいく。

この事実を認めること。

疑いたい人もいるかもしれないし、信じられない人もいるかもしれない。

でも、信じてみてうまくいったら、儲けものではないでしょうか？

リスクがあるわけではありません。

過去に作った思い癖をいったんリセットして、この力を使うと決めてみてはいかがでしょうか？

今のパワーの何倍もの力を使って、気づいていない才能を開花させ、トラブルにあっても解決策が見つかり、困ることが起こらなくなるのだから――。

一緒に声に出して、唱えてみましょう。

第2章　才能を開花させる力

まずは好きなことをやってみる

賢者「才能を開花させたいと思う人は多いよね。でも、どんな才能があるかがわからない。ただ才能開花したいと思っても、すぐに開花するものではないんだよ。

まずは好きなことをやってみる。

趣味だっていい。運動だっていい。やり続けてみる。

そうすると、それが才能につながるよ」

ちあ「そういえば、陶芸が好きで陶芸教室に通っていた方が、ついには自分で作った作品を売るまでになっていました。すごく上手でしたね。

パン好きな人で、自分で焼いたパンを近所に配り、販売するようになった人もいました。

野球が好きだった人が野球選手になれなくて会社に就職したけど、子供の野球チームの監督になっていました。

こういう人たちは、好きなことを追求し続けて、実《み》を結んだ例ですね」

賢者「そうだね。何がどう実を結ぶかわからない。でも、好きなことをやり続けると、いずれ開花する。

それが飛びぬけていると、誰かの目に留まるようになるということがあるんだよ。

自分には才能がないなんて決めつけないで、何かあるはずだ、今はそれに気がつけないだけだと思っておくといいよ。

才能というと、スポーツ選手や芸術家のように、何か大きいものだと思っている人もいるけど、身近なところにあるものだよ。

料理が上手で家族が喜んで食べてくれる、掃除がうまい、隙間時間を作れる、人を上手にほめる、笑顔を瞬時に作れる、人を元気にする、人への教え方が上手、おいしい店を見つける、まわりの人を明るくできるなど、なんでもいいんだよ」

ちあ「まわりを明るくする才能なんて、何かの役に立ちますか?」

賢者「その一つの才能を高めていったら、次の才能に気づけるようになるんだよ。

まわりを明るくする才能がある、と気づいたら、みんなを笑わせるコメディアンになっていたとかね。

おいしい店を見つける才能に気づいて、どの店がおいしいか入る前にわかったら、すばらしいよね。美味しいものをいつも食べられるし、失敗はしなくてすむだろう?

そのうち自分でお店を出すようになるかもしれないよ。

好きなことをやり続けることで、何かが見えてくるよ。

その何かが、今はわからなくてもやり続けることだよ。

小さい才能から見つけるようにしていくこと。そこに気づいて喜んでいると、次の才能に気づいて、それが何かにつながることだってあるんだよ。

才能は〝生まれ持っているもの〟と〝努力をして身につくもの〟があるんだよ。

だから、今は才能がないと思っていても、あとから気づくことがある。たとえば、自分には絵の才能はないと思っていたけど、毎日描き続けていたら、絵の才能が開花したなどということはよくあることだよ」

ちあ「わたしには瞑想の才能があると言いましたが、本当にあるんでしょうか」

賢者「将来、人に瞑想を教えて、不安な人を減らしたり、願望達成の役に立つことだってできるんだよ」

ちあ「今のところ、人に教える気はないですけどね」

賢者「ヒーリングも瞑想も、きみの役に立つと思うよ」

ちあ「ウーン、どうなんだろう」

賢者「こんなふうに言うといいよ。

〝(自分の名前)○○さんありがとう。わたしは自分が思っている10倍、20倍、30倍のパワーがある。
今は気がつかなくても、その力があることを認めます。
わたしはその力を使い才能を開花していきます。自分にどんな才能があるかわからないけれど、才能開花を楽しみにしています。ありがとう〟」

ちあ「唱えてみます」

★二次元コードにあなたの才能を開花させる音声が入っています。
唱えてみてください。

チア MEMO

持ちたい才能をリストアップしてみましょう

◇◇ 当時は「わたしが人に瞑想を教えるなんてとんでもない、大変だから嫌だ」と思っていましたが、瞑想の師である山田先生が亡くなったときに、仲間から「これからわたしたちは、誰に瞑想を習ったらいいんですか」「ちあきさん、教えてください」と頼まれて、１年間頑張って瞑想を教える方法を身につけて、今に至っています。

瞑想は黙って座るものもあるのですが、瞑想時は潜在意識の扉が開いており、このときにいいインプットをすると効果が高いので、あえて誘導瞑想を指導しています。

瞑想を教える才能がわたしにあるのかどうかはわかりません。教えるよりも自分で瞑想をするほうがずっと楽なのですが、頼まれて、最初は仕方なく教え始めました。瞑想は心を穏やかにしてくれるし、上手に使うと、人生を喜びに導いてくれるのでおすすめです。

◆言葉を唱えることで、才能が開花する

「おいしい店を見つける才能」があったら、楽しいでしょうね。

「こんな力を持ちたいな」というリストを作って、才能を開花していくのも楽しいだろうなぁと思いました。

そこで、食べ歩きが大好きな友人に「〝わたしはおいしい店を見つける才能がある〟と唱えてみたらいいよ」と伝えたところ、友人はこの言葉を唱えてから、おいしい店を見つけるのが上手になったそうです。

言葉を唱えることで、才能が開花するのではないかと思います。

簡単なものだったら、すぐに開花しそうです。

持ちたい才能をリストアップして、「わたしは人を明るくする才能がある」「わたしは安くておいしいものを見つける才能がある」「人を笑顔にする才能がある」というように唱えていったら、いろいろな才能が開花しそうですね。

わたしがかつて「買い物上手」を唱えていたように、皆さんも唱えて、どんどんいろいろな才能を開花していってくださいね。

小さな才能が増えていくと、やがてそれが大きな才能につながることもあります。

才能がない人はいません。
「才能がない」と思い込んでいる人はいます。

才能は生まれ持ったものとは限りません。
練習をして継続をして身につくものもあります。
だから「わたしには才能はない」と思っている人も、「ない」とは言わないことです。
今気づかないだけで、必ずあるのですから。

第3章
願望を達成する力

願いを叶える方法

賢者「人間には、願望を達成する力もあるんだよ。願望達成の極意は、欲しいものを明確にすること。

意外に思うかもしれないけど、これができない人が多いんだよ。

自分の願望なのに、あやふやだったり、わからなかったりするんだ。

欲しいものをありありとイメージして、あたかも手に入った気分に浸ること。

〝手に入りました。ありがとう〟と唱えて、素直に信じること。

これだけなんだよ。

イメージをしてその場面を味わい、ワクワクしていたら、必ず導かれていくよ。

それは自分が思ってもいない方向かもしれないけど、魂の望むほうへと導かれていくんだよ。

仕事で昇給したいと思って、お給料が上がるイメージをしていたら、ふとこんなスキルを身につけたいなとひらめいたりする。いわゆる直感ってやつだよ。それを習得したら、昇給したとかね。

結婚したいと思っていた人が、なんかこの店に行ってみようとひらめいて行ってみたら、そこで結婚相手に出会ったなんてことはよくあることだよ。

〝イメージしたけど叶わない〟という人がいるけど、それは、イメージをしながら、一方で〝叶うわけがないがない〟と思っているからだよ。

そういうネガティブな気持ちがあると、せっかくイメージができていても、それを打ち消してしまって、願望達成を阻《はば》んでいるのさ。

ビジョンキラーといってね、つまり自分で自分の願望達成を阻止しているんだよ。

素直に浮かんだイメージを信じたら、90％以上は叶うよ」

ちあ「願望達成はイメージをすればいいとよく聞きますけど、叶わないのは、不安に思いながらイメージをしているからなんですね。
つい、やってしまいそうです。気をつけます」

この世は周波数でできているんだよ

賢者「**〝この世は周波数〟でできているからね。**不安に思いながら、どうせダメだろうと思いながらイメージしたら、不安の周波数と同調してしまうから、叶わなくなってし

周波数は感情と関係する

まうんだよ。わかるかな。

〝周波数は感情と関係する〟よ。

だから、〝叶わないかも〟という不安や焦りを取ってからイメージする必要があるのさ。それを取らないでイメージしても、無駄になってしまうからね。

〝イメージしたのに願いが叶いません〟と言っている人は、みんなこういった不安やどうせダメだろうという思いを抱えながらイメージをしているからなのさ。

だから、叶わないんだよ」

ちあ「そうなんですね。不安を取るには、呼吸法がいいですよね。長い呼吸法をやってからイメージしたらいいのですね」

賢者「そうだね。こんなふうにイメージするといいよ。

① **欲しいものをリアルにありありとイメージする**（可能なら細かく具体的に）。

② **〝手に入りました。ありがとう！〟と唱える**（ワクワクしながら）。

③ **素直に信じる。**

たったこれだけだよ。この3つで願いが叶った周波数と同調するんだよ。

自分の思い描いたイメージを打ち消さない。疑わない。

信じ続けることがカギになるんだよ」

３か月後に一軒家を買えた例

こんな話があります。

ある方が住んでいる市営住宅の家賃が、今後3年で上がっていくという話を聞いて、その額があまりに高いので、それならいっそ買ってしまったほうがいいな、でもお金がないなと思ったけど、「家を買うぞ」と決めて、「白い家がいい、こんな間取りがいい」とイメージをしていたそうです。

しかし「こんなの無理」と頭をよぎったときに、素直に信じて、「素敵な家が手に入りました。ありがとう」を唱えて、心を落ち着けていたら、理想の家に住んでいるイメージがバンと浮かんだのだそうです。

これは良い兆しかもと思っていたら、なんとちょうどいい物件が見つかりました。

もちろんお金はないのだけど、「こんなところに住みたいんだよね、子供にもいい環境だし」と近所に住む母親と話していたら一緒にその家を見に行くことになり、「ここ、いいんじゃないの」と頭金を出してくれたそうです。

そうして、3か月後に一軒家を買えることになりました。

彼女は「3年以内で買えたらいいなと思っていましたが、願ってみるものですね。お母さんにも感謝です」と嬉しそうに語ってくれました。

不思議な偶然が重なって希望通りの会社に入れました

転職に成功した方の例です。

「お給料がいいところに就職したいと思って、条件を書いてみました。ちょっと欲張りかなと思いましたが、ちあ魔女（著者のこと）が〝欲張っていいよ。どんどん望みなさい〟と言うから、思うままに書き出しました。

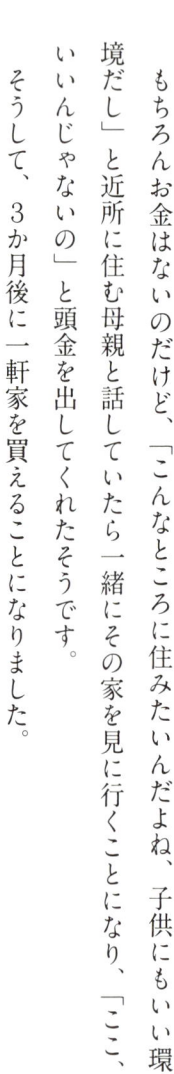

　そして、就職できた場面を目の前のスクリーンに思い描いたら、何だかニヤニヤしてきました。

　その後、条件にぴったりの会社が中途採用を募集しているのを見つけましたが、そこは学生時代の就職試験で落ちたことのある企業でした。

　ダメもとで受けてみようかと思って書類だけ提出すると、面接へ進み、一度落ちていることもあって、リハビリのつもりでリラックスして受けることができました。

　面接のときに「どんな本が好きか」と聞かれて話をしたら、それが面接官の好きな本と同じだったらしく、話が盛り上がり、合格しました。すごくうれしいです。

　不思議な偶然が重なり、希望通りの会社に入れて今は幸せです」

チア MEMO

欲張り上手になりましょう

「(自分の名前)○○さんありがとう。わたしは自分が思っている10倍、20倍、30倍のパワーがある。今は気がつかなくても、その力があることを認めます。わたしはその力を使い○○を手にしていきます」

そう唱えて、手に入ったイメージをしていきます。

※○○には、家や欲しいもの、仕事を入れて唱えてみてください。

自分の人生だから、どんどん望みましょう！

そして、欲張り上手になりましょう。

第4章

人間関係をよくする力

いじめにあう率がぐんと減る方法

賢者「人間関係もね、上手《うま》くいくようになっているんだよ。愛から出た、思いやりから出た言葉を使えばいいんだよ。見栄を張ったり、人を陥《おとしい》れたり、マウントを取ったりせずに接したら、きっとうまくいくよ。

そうやって生きていると、人間関係のこじれも少ないはずだよ。

いじめはね、いじめる側の環境にも問題があるんだよ。愛のないところで育ったから、人をいじめようとしてしまうんだね。ある意味かわいそうな人なのかもしれないよ」

ちあ「いじめる人のかたを持つのですか？　いじめる側が悪いに決まっているじゃないですか」

賢者「そうとも限らないよ。いじめる側もかわいそうな環境で育っていることが多いんだよ」

ちあ「でも、やっぱりいじめる側が悪いですよ」

賢者「いじめをなくすには、いじめる側の闇に光を当ててあげること。

　いじめられるほうが　逃げる（引っ越す、転校する）か、強くなるか、どちらかだね。

　いじめられる側だったら、**いい友人に恵まれている姿をイメージする。**

　子供がいじめにあっていそうなら、親は、毎晩３分でいいので、**子供が楽しくしている場面をイメージしておくと、いじめにあう率がぐんと減るよ。**

　もちろん本人が、いい友人に恵まれて楽しく過ごしている姿をイメージをするのもいいよ。

いじめる側は自分が悪いと思っていないので、心を改めるのは難しいだろうけど、親友や家族が、祈ってあげることで変わってくることがあるよ。

いじめがいけないことだと気がついていたら、いじめをしないはずだからね。

いじめてしまうのは、その人の心の闇が強いのかもしれないね。

人を陥れると自分が同じ目にあうってわかっていたら、いじめたりしないはずだよね。

宇宙の法則を学んだら変わるだろうね」

映画を見るようにイメージしてごらん

賢者「家族の誰かに問題がある場合や、家庭が上手くいっていない場合は、上手くいっている場面をイメージするといいよ。家族やパートナーの笑顔をイメージするのさ。

このとき、不安に思ったり疑ったりしてはいけないよ。

映画を見るようにイメージしてごらん。

映画館で不安になったりしないよね。自分のことを一歩引いて、映画を見るように眺めるんだよ。

そんなうまいことが起こるわけがないとか、でっちあげたって無駄だよ、などと思わないこと。

〝こんな親だったら嬉しいな〟と書いておくといいよ。片っ端から書いてみること。欲張って書いてみる。

虐待がひどい子供がいて、理想の親の姿を書いておいたら、親が離婚して、シングルマザーになり、その後再婚した相手が、まさに理想の親だったなんてことがあるんだよ。

だから、**どうなりたいかをしっかり決めておくことが大事だよ。**

こんな理想の親で、こういう仲間に恵まれて、こういうパートナーと一緒にいてってね。

人間関係も、どういう仲間と一緒にいたいかを決めておく。

嫉妬深い友人や、マウントを取る友人とは距離を置くようにする。

また、自分もそういうことはしないようにする。そういった思いはいずれ自分に返ってくるんだよ。それも何倍にもなって返ってきてしまうからね。

自分を好きになって、自分の心が満たされていたら、そういった心の醜い行動はしないはずだよ。

〝(自分の名前) ◯◯さんありがとう。わたしは自分が思っている10倍、20倍、30倍のパワーがある。今は気がつかなくても、その力があることを認めます。

わたしはその力を人間関係をよくするために使います。

わたしも日々成長して思いやりのある人になっていきます。

そして、自分に合ったいい友人を引き寄せていきます。ありがとう〟

と唱えて、よいイメージをし続けるといいよ。

そして、信頼の魔法〝わたしは◯◯を信頼します〟を使うといいよ。

信頼の魔法とは、疑っていようが、この人は駄目な人だという思いをいったん横にどけて、〝信頼します〟と唱えてしまうことだよ。

最初は心なんてこもっていなくても、口先だけでいいんだよ。

ただ、唱えるだけ。**唱え続けると、やがてその信頼の周波数と現実があってくるから、現実が変わってくるんだよ。**

例えばダメな部下がいたら、〝この人ダメだぁ、仕事ができないなぁ〟という思いはいったん横にどけて、何も考えずに〝わたしは部下を信頼します。彼（彼女）は仕事をテキパキこなしています。ありがとう〟そう唱えちゃうんだよ。

友達ができるかどうか心配している子供には〝わたしは子供を信頼します。わたしの子供はよい友達に恵まれ学校生活を楽しんでいます。ありがとう〟と唱えるといいんだよ。

〝わたしは友人の◯◯さんを信頼します。◯◯さんは、正直で心優しい人で、わたしを気づかってくれます。ありがとう〟って唱えちゃうと、よい人間関係を築けるよ。

最初は嘘くさいと思っていても、唱えていくと周波数が同調していくからね。

この信頼の魔法については『自分の名前に「ありがとう」を唱えるとみるみる幸福ゾーンが開く』の本にも掲載していますので参考にしてみてください。

3か月後に彼ができて結婚した方の例

「理想の彼を書き出しました。そうしたらその通りになりました」という連絡をよくいただきます。

書き出してみることは大事ですね。

「結婚したいのですが、相手がいません。どうしたらいいですか？」と言う女性に、理想の相手を書き出してもらいました。

「思いやりがある人がいい」「同じ趣味の人がいい」「優しい人」「できたら同郷がいい」「親とは別居で○○市に住みたい」「身長は私より5センチぐらい高いといいな、中肉中背」「わたしの話を聞いてくれる人」と細かく書き出していきました。

そしてその次に、結婚して困ることのデメリットも書いてもらいました。

「自分の時間が無くなる」「親戚付き合いが面倒」「収入が減って、好きなものが買えなくなっちゃうのは悲しい」「家事が面倒」「疲れたときはコンビニ弁当、ができなくなる」「お金を自由に使えなくなる」「旅行に行けなくなってしまう」「束縛されるのはいや」「おしゃれができなくなってしまうかも」「子供が生まれたら、子供優先になりそうで嫌だ」

彼女は、結婚して困ることのデメリットを書き出していって、愕然としたそうです。

「あぁぁ、こんな女、わたしが男だったら嫌いだわ。だめだね。これじゃあ彼氏もできないわけだわ」

そう叫びました。「これは、やばい！　結婚なんてできない」と気がついて、心を入れ替えたそうです。

理想の男性について「家事を手伝ってくれる人」「親戚付き合いも楽な家」「両親がいい人」「一緒に旅行を楽しんでくれる人」などをつけたし、さらに書き出していきました。

そして、「(自分の名前) ○○さんありがとう。わたしは自分が思っている10倍、20倍、30倍のパワーがある。今は気がつかなくても、その力があることを認めます。その力で、わたしは理想的な結婚相手と出会います」

そう唱えて結婚式の場面をイメージしていたところ、なんと3か月後に彼ができて、半年後には結婚が決まりました。

あのとき書き出してガーンとなり、生き方を変えたら、彼ができて即結婚に至ったのです。彼女から「書き出してみるって大事ですね。ありがとうございました」と笑顔で感謝されました。


結婚して嬉しいこと、困ることの両方を書き出してみて、自分の心の内側を探っていくことで、ブロックが明確になっていきます。

皆さん書いてみて「え〜！　こんなことを思っていたの!!」とびっくりされます。


書き出しをするには、磁場のよい場所、よい環境で書くことです。

自分の心をごまかさないで、しっかりと自分と向き合うことが大事です。

磁場が悪い場所だと、書き出そうとしても、何も思い浮かばなくなってしまいます。

嫉妬深くて人間関係をこじらせていた人の例

ある方が「皆さん、人生の一番の悩みは人間関係ですよね？」とわたしに言いました。

わたしはそう思っていないので、同意を求められても困るなぁと思い、こう返事をしてみました。

ちあ「あなたにとっては、人間関係が一番の悩みなのね。でも、皆ではないよ」

A「ああそうか、自分が人間関係で悩んでいるから、皆もそうなのだと決めつけていました。違う人もいるのですね。わたしは自分のサングラスで世界を見ていました。辛いというサングラスをかけてしまうと、何を見ても辛く見えてしまうのですね」

ちあ「そうだね。というか、人間関係は辛いと思いこんでいて、決めつけているよね」

Ａ「わたしの母親は祖母といがみ合っていたから、それが当たり前だと思っていて、人はわかりあえないもの、いがみ合うのが当たり前だと思っていました」

ちあ「〝親とわたしは違う、反面教師をありがとう。わたしはいい人間関係を築きます〟って唱えてみて。

そして理想の人間関係ってどんな感じか、箇条書きで書いてみるといいよ」

彼女は「何でも話せる人。ひがまない人。足を引っ張らない人、マウントとらない人。腹黒くない人。信頼できる人。困ったときに手を差し伸べてくれる人。まわりを明るくしてくれる人。正直な人」など、たくさん書き出してくれました。

ちあ「それでは質問です。あなたは自分で書き出した理想の人と同じことをやっていますか？」

Ａ「えっ？」

ちあ「類は友を呼ぶっていうでしょう。あなたは誰かに嫉妬したり、マウントをとったりしてないよね？　そんなことをすると、同じような人が集まってくるから。いい人を自分の周りに呼び寄せたかったら、当然、自分もいい人にならないとね」

A「そういうことですね。わたし、嫉妬深くて、相手がいいものを持っていると腹が立って、けおとしたくなるんです。つい意地悪しちゃうんですが、それではダメですよね？」

ちあ「それが人間関係がこじれる原因じゃないの？」

A「だって腹が立ちませんか？　わたしが欲しいものを相手が持っていたら」

ちあ「欲しかったら、買えばいいだけじゃないの？」

A「あぁぁ、買えないから嫉妬しているんだ。買えるように経済力を上げたらいいんですね？　そうしたら嫉妬しなくなるかもしれない。ちあ魔女は嫉妬しないですか？」

ちあ「嫉妬しても疲れるだけだから、しないなぁ。

自分に満足しているから、人のものを欲しいとは思わないし、いいものを持っていたら、真似しようとか、同じものを買おうと思うかなぁ。

どこで買ったの？って聞いて、買うことはあるかな」

Ａ「それが買えなかったら？」

ちあ「う～ん、高くて買えないものだったら、頑張って稼いで、いつか買えるようにって思うかなぁ。

でも、嫉妬はしない。〝嫉妬すると貧乏になる〟と聞いたことがあるから。

〝金持ち喧嘩せず〟という言葉があるよね。お金持ちは嫉妬もしないし、喧嘩もしないんだよ。

そのマインドを真似すると、お金持ちになれると聞いたことがあるし、お金の神様が微笑んでくれるらしい。もし嫉妬心が出てきたら、〝わたしにはわたしのよさがある〟と思うといいよ」

自信のあるものと自信のないものを書いてみる

A「嫉妬心をなくしたら、人間関係はよくなりますか？」

ちあ「嫉妬心はなるべく持たないほうがいいよ。それよりもあなた、自分に自信がないんじゃないの？　自分に自信があったら、人のことを気にしないし、びくびくしないと思うよ」

A「自分に自信なんてありません。だから人間関係がうまくいかないのでしょうか……。自信を持つにはどうしたらいいですか？」

ちあ「まず、何に対して自信がないのかを明確にしてみてはどう？

例えば、わたしはパソコン操作に対して自信がない。ワードやパワーポイントは何とかできるけど、それ以外はさっぱりわからないし。数字も苦手かなぁ。帳簿とか苦手でどんぶり勘定だから、あと、理系も自信がない。

こんな感じで、とりあえず、**自分の自信がない分野を書いてみる。**

そのあとに、**自信があるものを書いてみる。**

そうすると、自分には自信があるものもあるなと気づけるので、自分は自信がないとか言わなくなると思うよ」


A「そうですね。人前で話すことは自信があるし、細かい作業を続けることも自信がある。服のセンスも自信がある。何かワクワクしてきました。

何でもできる人なんていませんものね。

こうやって書いてみると、自信がないと言って悩んでいたのが、バカみたいに思えてきました。もっと堂々としていきます」


この方は数か月ほどで、人間関係が改善していきました。

自信のなさが人間関係に影響をしていたと気がついたから、自分のいい面に目を向けるようにして、自信があるものを毎日1個ずつ書き出していって、30個になったそうです。

そうしたら、「自信がない」と言って悩まなくなり、すると人間関係にも変化が出てきたそうです。

わたしは時々、「長所を100個書いてみましょう」というワークをやっていますが、20名、30名でやると皆さんできるんです。誰かが発表すると、それいただき、それもいただきと真似していって、数が増えるわけです。100個が無理なら、せめて30個を、ぜひ書いてみるといいですよ。自信が持てるようになります。

「人間関係が苦手」と言えば言うほど、「苦手の周波数」と一致してしまい、事態は悪化してしまいます。言葉はエネルギーなので、口に出した言葉も、心の中で思った言葉も一緒。やがて自分に返ってきます。

「苦手」って言わないほうがいいですね。

母親を一生許さないと思っていた女性の例

お子さんのいる方なら　お子さんの笑顔をイメージするのもおすすめです。

親の物差しで子供を見ないこと。自分の価値観を子供に押し付けないこと。

時代が違うのですから、わたしのときはこうだったのにというのは通用しませんよね。

子供が生まれたときに、「元気で育ってくれたらそれでいい」と最初はみんなそう思うのに、年月が経ち、「頭がいい子がいいな」「こうなって欲しいな」という欲がだんだん出てきて、それを子供に押し付けてしまう親がいます。

中には自分の夢を子供に押し付ける親もいます。

Aさんの母親は、自分がピアニストになれなかったので、子供にピアノを習わせて、毎日練習させました。当時のことを娘さんは「本当に拷問《ごうもん》だった。留学をしたのは親から逃げたかったから。逃げて自由になりたかったから。でも逃げても、なぜか親の影がちらついてしまう。結婚しても母親のことがトラウマになっていました」とおっしゃいました。

さらに「〝外国人の夫なんて許さないからね〟と言われ続けて、母は彼のことも認めてくれませんでした。

40歳を過ぎて子供も大きくなったというのに、まだ親のことにびくびくしている自分を情けなく思うし、何よりわたしは〝母親を一生許すものか〟と思っていました。

こんな思いでいたから、わたしは病気になってしまったのだと思います。病気で子供の面倒が見られなくなってしまい、結局、母親に頼ることになってしまいました。

わたしが病気になったのは、子供時代のトラウマのせいに違いないと思い、今まで溜め込んでいた思いを、母親にすべてぶちまけました。そうしたら、本当にすっきりしました！」とおっしゃっていました。

それを聞いた彼女の母親は、「ごめんね」と謝ってくれて、ようやく肩の荷が下りたそうです。

「〝一生許せない〟と思っていた親を許した瞬間でした。自分の中で何かが変わりました。母も若かったんだ。この人は、夢だったピアニストになれなかったから、こんなに歪んでしまったんだと思えたのです。以後、笑顔が戻りました」

とおっしゃいました。

似たような話を　何人もの方から聞いたことがあります。

自分の価値観を押し付け、それが子供の幸せだと信じ込んでいる親は、子供にとっては大迷惑です。

どちらにとっても不幸でしかないのです。元気で人生を楽しんでくれたら、それでいい。生まれたときの思いをそのまま持っていたら、それでいいんです。難しいですけど。

子供を自由にさせてあげる。そして信頼する。

信じたら、子供は悪いことはできないそうです。信じたらうまくいきます。


「（自分の名前）〇〇さんありがとう。わたしは自分が思っている10倍、20倍、30倍のパワーがある。今は気がつかなくても、その力があることを認めます。わたしはその力を使って、親子関係を改善していきます。ありがとう」

と唱えてみるのもいいかもしれません。

★二次元コードに右記の言葉の音声が入っています。
唱えてみてください。


「（自分の名前）〇〇さんありがとう。わたしは自分が思っている10倍、20倍、30倍のパワーがある。今は気がつかなくても、その力があることを認めます。

わたしはその力を使って、いい人を引き寄せていきます。

また、わたしも愛と思いやりを持って人と接していきます。ありがとう」

★二次元コードに右記の言葉の音声が入っています。
唱えてみてください。

「（子供の名前）〇〇ちゃんありがとう。わたしは自分が思っている10倍、20倍、30倍のパワーがある。今は気がつかなくても、その力があることを認めます。
わたしの子供（名前）はその力を使い、元気でよい子に育っています。
わたしは子供を信頼します。ありがとう」

などもおすすめです。

チア
MEMO

我が家の家訓「兄弟仲良く助け合うんだよ」

我が家は、祖母が「兄弟仲良く助け合うんだよ」といつも言っていて、それが家訓になっています。

母たちはそれを守ってきたので、兄弟が多いのですが仲が良いです。皆で助け合うという精神で生きてきたそうです。

わたしには妹がいますが、それを聞いていたので、よく相談に乗っています。妹の美穂とは喧嘩もしますけど、仲は良いほうだと思います。

子供の頃は、妹がわたしに嫉妬をして大変でしたが、彼女は自分の長所を100個書き出して自分と向き合ったことで嫉妬心がなくなり、劣等感が消えたようです。いまは仲良くやっています。

妹の息子はうちの近所に住んでいて、社会人になって都内は家賃が高いだろうからと、今住んでいない家を貸してあげています。もちろん、ゼロ円です。

母が「お金に困っているわけじゃないから、家賃なんていらないわよ」と言って、面倒をみてあげています。妹の娘も野球観戦するとき、「東京はホテル代が高いから、泊めてね！」とやってきて、うちをホテル代わりにしています。

家族親戚みんなが元気でたのしく過ごせたら、それでいいと思います。

〝兄弟仲良く過ごす〟もインプットしておくといいと思います。

第5章 豊かになる力

お金は感謝する人に集まってくるんだよ

賢者「お金というのは、感謝する人のところに集まってくるんだよ。
だから、不安や心配が少ない人のところに集まる傾向があるのさ。」

お金は感謝して使うこと。
感謝できないときは、使うかどうかをじっくり考えること。
慌てて購入しないこと。
自分に必要かどうかを、じっくり見極めるんだよ。
欲しいものを片っ端から買っていたら、お金がなくなってしまうからね。
自分に必要かどうか、見極める。
そうすると、無駄使いが減ってくるから、結果的にお金が残るようになるよ。

また、**お金はもらうときも、出すときも、〝ありがとう〟を唱えるといいよ。**


〝（自分の名前）○○さんありがとう。わたしは自分が思っている10倍、20倍、30倍のパワーがある。今は気がつかなくても、その力があることを認めます。

わたしはその力を使って、心豊かに人生を楽しみます。

わたしは今、豊かになっている最中です。ありがとう〟と唱えるといいよ」

★二次元コードに右記の言葉の音声が入っています。
唱えてみてください。

きみはなんでお金が欲しいんだい？

賢者「お金が欲しいなら、いくら欲しいのか、何に使いたいのかを明確にしておくことが大事だよ。〝お札が欲しい人〟なんて、いないでしょう？」

ちあ「いや、誰だって、お札が欲しいと思いますよ」

賢者「じゃあ、〝日本円で1000万円をあげるよ。とってきてよ。あの地雷の下に埋まっているから〟と言われて、とりに行く人はいるかな？

しかもそのお金は、例えばアフリカとか南米でしか使えない。きみの国の日本では使えない。日本円に換金できないとしたら、それでも欲しいかな？」

ちあ「いらないです。1億円と言われてもいやですよ。死んじゃうもん」

賢者「でも、大好きなお金だよ」

ちあ「そんなの手にしたとたんに死んじゃうじゃないですか？ 欲しい人なんていませんよ」

賢者「さっきはみんなお金が欲しいと言ったじゃないか。矛盾するね。
じゃあ、欲しいのは、お金じゃないんだね？　命なんだね？　健康なんだね？
ここを明確にしてみてごらん。
ほらね。お札が欲しいわけじゃないだろう。
お札をコレクションして集めて眺めるだけで使えないなんて、嫌だよね。
欲しいものに交換して、使ってこそお金が生きてくるしね」

ちあ「そうですね」

賢者「きみはなんでお金が欲しいんだい？」

ちあ「こうやって旅行したり、いろいろな体験をしたり、おいしいものを食べたり、プレゼントしたり、便利なものを買ったり、かわいい服を買ったり、パソコンや本を買ったり……」

賢者「つまり、お金が欲しいのではなく、お金をものに変換して、その品物が欲しいってことだよね」

ちあ「そうですね」

賢者「だから、**お金よりも欲しいものを明確にして、それが手に入ったイメージをすることが大事なんだよ**」

ちあ「なるほど」

賢者「ただ漠然と〝お金が欲しい〟〝お金がないと不安だから〟と思っていても、お金は入ってこないさ。

不安があると、お金は逃げていってしまうんだよ。

さっきも言ったけど、お金は感謝が好きらしいんだよ。感謝するところに集まる傾向があるようなんだよ。

逆にお金は、不安が嫌いらしいよ。

お金に対して不安に思っている人のところからは、逃げていってしまうんだよ。

お金に対して〝汚い〟と思ってもいけないよ。

〝お金は汚いもの〟と思うと　逃げていってしまうんだよ。〝汚いな〟と思っているなら、きみの財布になんて入ってやらないよって、お金も思うよね」

ちあ「誰だって汚いものを持ちたくないですよね」
賢者「汚物を大事に持ち歩きたい人は、いないだろう？」
ちあ「汚いものを大事に持ち歩くなんて嫌だと、無意識に思っていると、持ちたくないという思いが実現してしまう。だからお金さんが逃げるわけですね」

〝お金がない〟とは言わないことだよ

賢者「お金が欲しかったら、お金の不安をなくすことを最優先にしてほしい。

お金の不安を持ちながら、豊かになることはできないんだよ。

豊かになる力を高めることは、〝金欠病を遠ざける〟ということでもあるのさ。


お金があるのに〝なくなることへの不安〟を持っている人は、働かない前提になっている。働いていたら、ある程度は入ってくるからね。

お金の不安は、親や親せきの口癖と関係することが多いんだよ。

子供時代に親がお金とどうかかわってきたかも影響する。

不幸にも親の口癖が〝お金がない〟だったら、その子は親の口癖がうつってしまい、お金がない人生になってしまう。

子供がいる人は、子供のためにも〝お金がない〟とは言わないことだよ。
たとえなくてもね。
〝今はちょっと持ち合わせがないけど、すぐに入ってくるから大丈夫〟と言ったほうが、ずっといいんだよ。

不安は、きみたちの能力を低下させるから、縁を切ることだよ。不安を遠ざけること。自分の人生をよくしたいと思ったら、不安にならないようにすること。

ちょっとした不安なら、腹式呼吸法をしたら取れるからね。
不安を取った上で望むといいよ」

ちあ「はい。わたしは瞑想をするので、不安を感じることはありません。瞑想の師匠から〝毎日5分でいいから呼吸法をしなさい〟と教わり、毎日5分以上呼吸法を行っていますが、これが不安軽減にすごく役に立っています」

欲しいものリストを作るといいよ

賢者「きみはどんな願望を叶えたいかな？」

ちあ「毎年、海外旅行には行きたいなぁ。あと、人生を楽しむのに十分なお金と、時間も欲しいなぁ。

それから、もちろん健康な体もですね。あとは……」

賢者「そうやって**欲しいものリストを作って、決めておくといいよ**。欲しいものを意識しておくことで、無意識に反応しやすくなるからね。

欲しいものが手に入ったら、そのリストを作り変えて新しくすることも大事だよ」

ちあ「欲しいものリストですね。よし、リストアップしておこう。

100歳になっても毎年海外旅行に行く！　その体力もお金も持っておくぞ!!　と決

めたらいいですね。

あとは毎日、健康のために泳いでいたいなぁ。そうすると、年をとっても海外に行く時間とお金、体力があるってなりますね。楽しみです」

賢者「そうだね、お金は仕事をしていたら普通に入ってくるから、不安にならなくていいんだよ」

ちあ「でも、額が少ないと思う人はいると思いますよ」

賢者「そうやって、〝少ない、少ない〟を呪文のように連呼するから減ってしまうんだよ。

〝**言葉が人生をつくる**〟と言っただろう。
たとえ少なくても、〝うれしいな〟って給料をもらったときに、大げさに喜んでみるんだよ。そうすると、いつの間にか増えているからね」

〝わたしはお金を増やすのが得意です〟と唱えてごらん

賢者「お金は投資で増やすというのもありだよ」
ちあ「アメリカに住んでいるいとこが、投資用の別荘をたくさん持っています。彼は歯科医師をしていて、本業以外でも稼いでいるみたいです」
賢者「投資をするなら、〝**わたしはお金を増やすのが得意です**〟。そう唱えてから行うといいよ。損をするリスクがぐんと減るから。
〝増やすのが得意〟と唱えて、それが自分の心の奥に焼き付いたら、お金が入ってくるに決まっているからね。

それと、詐欺にあわないために〝**本物を見抜く目がある**〟ということも、心に焼き付けておくことだよ。

投資は直感でよい銀行家に頼むといいよ。銀行家はプロだからね。プロ以外に頼んだら失敗することになるから気を付けること。

ちあ「投資って難しそうですが、これを唱えるだけなら、わたしにもできそうですね。今は元手になるお金がないのでできないけど、いつかやってみたいです」

賢者「投資をしていなくても、今から〝わたしはお金を増やすのが得意〟と唱えていると、不思議と無駄使いが減って増えてくるから、やってごらん。

投資の利益で海外旅行に行くのも、いいと思うよ。

望むのはタダだから、どんどん望みなさい。

豊かになることは悪いことじゃないよ」

豊かになることを、望んでおきなさい

賢者「お金は持っておいても、損はないからね。豊かになることも、望んでおきなさい」

ちあ「ちょっと前にコンパニオンをしていて、同世代の女性よりはずっと収入がよかったんです。でも、足の引っ張り合いがあって怖くなりました。人を蹴落としたりする人たちに疲れてしまって……。

お給料は多かったし、そのお金で海外旅行にもたくさん行けたけど、だんだんむなしくなってしまって、お金はもういいかなって思っています。今はヒーリングや瞑想の勉強をしています」

賢者「足の引っ張り合いは、お金とは関係ないよ。紐づけちゃだめだよ。

別物だよ。いいかい、よく聞きなさい。

〝お金が多い仕事＝足の引っ張り合いが多くて大変〟なんて紐づけて、心に焼き付けてしまったら、脳は〝じゃあ稼がなくていいよね、収入は少なくていいや〟となってしまうよ。それがやがて貧乏につながってしまうんだよ。

このマインドを変えておかないと、あとで困ることになるからね。

お金が悪いのではなくて、君の環境が悪かっただけなんだよ。

仕事はたくさんあるのだから、仕事を変えたらよかったわけだし。

お金が悪いわけじゃないんだよ。ここを取り違えないようにね。

お金は悪いものではないんだよ。お金があるからできることもあるんだよ。

望んでいいんだよ」

ちあ「そうですね。当時は収入が良かったから、ホテルのラウンジへよくご飯を食べに行ってましたし、スイートルームに泊まることも体験できました」

賢者「それだけじゃないよ。お金があると、人は信用してくれるんだよ。
おかしな話だけど、でも、それが現実なんだよ。
人に信用されたかったら　お金はあったほうがいいよ」

ちあ「信用ですか?」

賢者「例えば、みずぼらしい身なりで、今にも壊れそうな家に住んでいる人と、しっかりしたスーツを着て、大きな家に住んでいる2人に、〝こうしたら人生がうまくいくよ〟という話を聞いたら、きみはどちらを信じるかな?」

ちあ「それは、後者ですね」

賢者「だろう。だから、お金はある程度は持っていたほうがいいんだよ。
だから望んでみなさい。
今はいらないと思っていても、やがてあってよかったと思う日が来るよ。

きみはヒーリングの勉強をしているから、自分のヒーリングルームを持つのはどうかな？」

ちあ「え〜、東京は土地が高いから、無理ですよ」

賢者「家が欲しいって決めればいいんだよ。何も今すぐとは言わないよ、10年以内に欲しいって決めたらいいんだよ。決めるだけだから、決めてごらん」

ちあ「そうですね。決めるだけならタダですし、決めてみます」

お金を上手に使いこなすことだよ

賢者「ただ、お金だけに走ってはいけないよ。何事もバランスだからね。バランスを崩すと、体を壊してしまうのと同じだからね」

ちあ「分相応に望みます」

賢者「そうだね。お金があるとできることの一つに、感謝を形に表すことができるね。プレゼントだよ。そうすると、もらったほうも嬉しいから、人間関係もよくなるだろう？」

ちあ「そうですね。美味しかったものを親や妹にあげるということもできますね。お金があったら、家族を旅行に連れていってあげることもできますしね」

賢者「そうだよ。お金は便利な道具だよ。だから上手に使いこなすこと。お金に使われちゃいけないよ。お金が入ってくると、もっともっとと際限なく欲しくなる人が多いけど、それが危険なんだよ。

満足を知らないから、常に不足感でいっぱいになる。
もっと欲しい、もっと欲しいと思っていると、減っていってしまうんだよ。
〝お金は感謝が好きだ〟って言っただろう。**〝もっと欲しい〟は不足、足りないことに**

フォーカスしているからね。減っていくんだよ。

例えば、今月のお給料が少なかったとしても〝今月も元気で働けた。ありがたいな〟って、心から思ってごらん」

チア MEMO

言葉はエネルギーです

不安は腹式呼吸で和らげることができます。おすすめの腹式呼吸は、まず、

①手をお腹の上に置き、お腹をかなり強めにぎゅっと押しながら、息を吐ききります。

②吐ききったら、宇宙のエネルギーを吸いこむ感じで、３〜４秒かけて鼻から吸い込みます。

③そして、吸ったのと同じ３〜４秒の時間、息を止めます。

この止めているときに、プラスのエネルギーが体の中にたまっていきます。

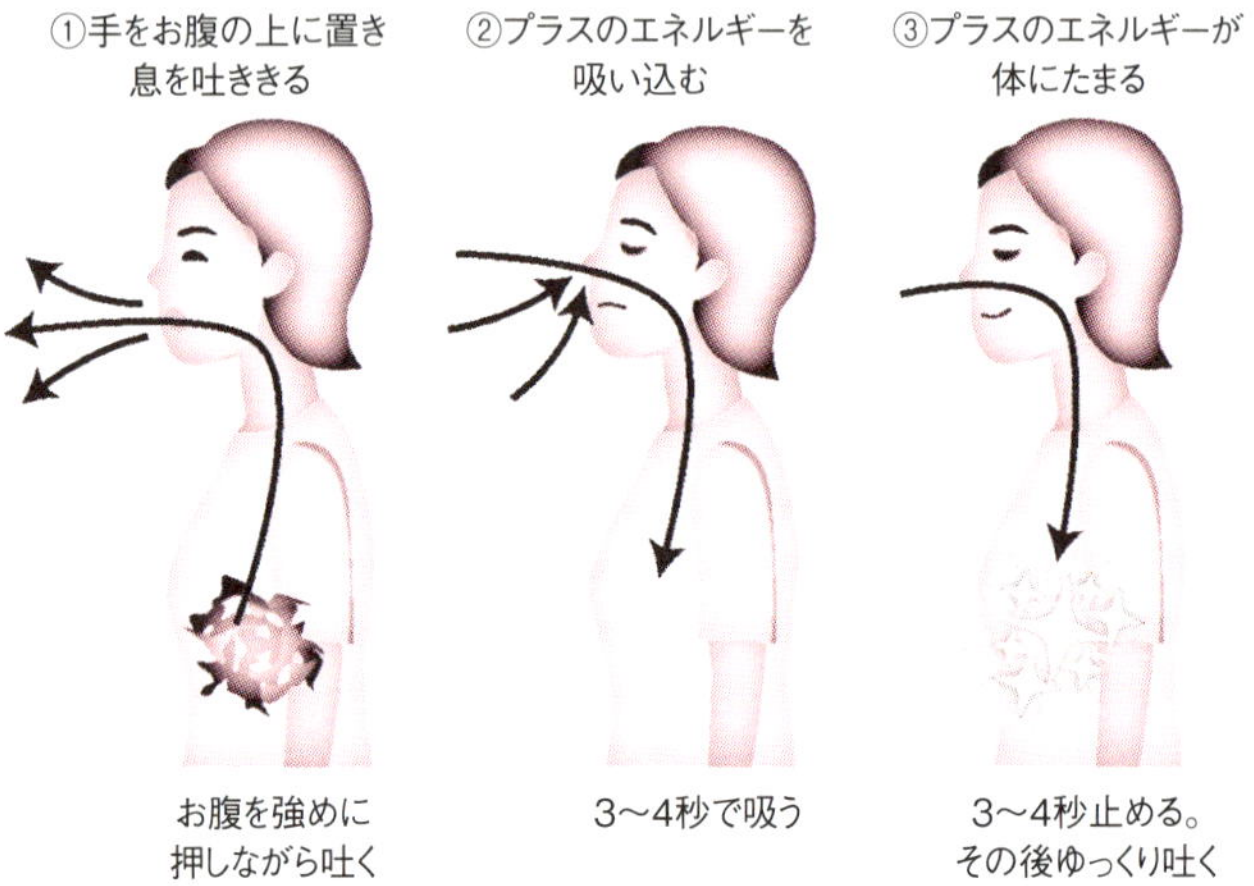
①手をお腹の上に置き
息を吐ききる
②プラスのエネルギーを
吸い込む
③プラスのエネルギーが
体にたまる
お腹を強めに
押しながら吐く
3〜4秒で吸う
3〜4秒止める。
その後ゆっくり吐く

腹式呼吸で不安を和らげる

最後に、吐くときは、吸うときの倍の時間をかけて、鼻もしくは口から、不安や恐れを黒い煙として吐ききっていきます。

さらに『自分の脳に「ありがとう」を唱えると不安脳・病気脳とさよならできる！』に、二次元コードから「不安の扁桃体にありがとうを唱える誘導」が入っています。

それを聞き続けたら不安が消えた、不安が減ったという連絡を多くいただいています。

お金も健康もその他のことも、不安

が大きいと前に進めないので、まずは不安を取ることです。

不安は過去の心癖や、子供時代の親の口癖等とも大きく関係があるようです。そういったトラウマは誰でも扁桃体で癒すことができます。


ちなみにわたしは若いころに、「毎年海外旅行に行く」とインプットしていたおかげで、20歳からほぼ毎年（2020〜2023年まで新型コロナウイルス感染症のせいで行けませんでしたが）海外に行っています。

5類（インフルエンザと同じぐらい軽い）に移行してすぐに出かけました。

100％叶ったわけではありませんが、今のところ95％以上は叶っているのかな？　と思います。

言葉はエネルギーですね。


決断は大事です。

その後わたしは、都内に念願のヒーリングルームを持つことができました。20名ぐらいなら収容できます。望めば叶うんですね。

若いときにペルーの賢者に「どんどん望みなさい」と教えてもらったおかげで、欲しいものを手に入れるのが得意になってきました。

コンパニオンをやめたときのわたしは、お金がなかったので「わたしは買い物上手。安くていいものをゲットするのが得意です」と心に焼き付けておきました。

そのインプットがまだ生きているのか、特にバーゲンを探しているわけではないのに、安くていいものを手にするのが得意になっています。

何をインプットしたかで人生が変わってくるんだなと、しみじみ実感しています。

若いころに宇宙法則を聞いておいて、本当に良かったと思います。

分不相応に、何十億もお金が欲しいとは今も思っていませんが、ただ、生まれてから一度もお金に困ったことはありません。

それもこの教えのおかげかもしれませんね。

「**お金はいつもわたしのところにある**」

そんな風に思っているといいかと思います。

「**お金は天下の回り物、わたしのところにも回ってくるはず、大丈夫！**」

この言葉もおすすめです。

７００万円の借金を返済できた例

わたしは生まれてから一度も借金をしたことがないのですが、お金の相談を受けたり、「借金が返せないのでどうしたらいいでしょうか」と聞かれることがよくあります。

くわしくお話を聞くと、簡単に借りてしまったことが原因のようです。借りないことが、一番なんですけどね。

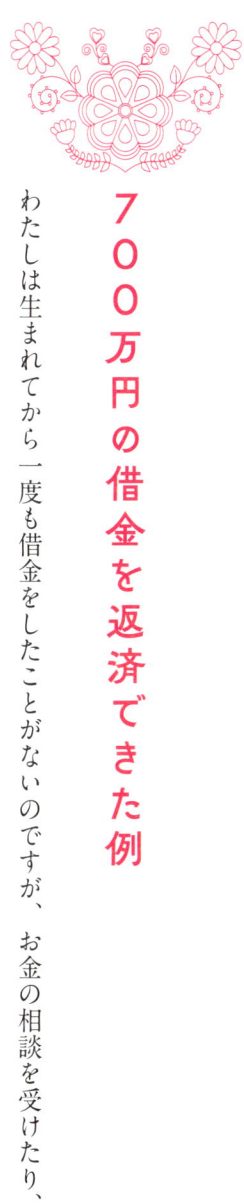

例えば、こんな話があります。

ある人が結婚して、ご主人が給料の明細書を見せてくれないので問い詰めたら、借金がなんと700万円もあって、「相談に乗ってください」と頼まれて、ご主人と一緒にわたしのところにいらっしゃいました。

話を伺うと、ご主人は結婚前からサラ金で借金をしていて、返済し続けていたものの、利息がたまりにたまってしまったというのです。

「このままでは首を吊るしかない」と言うので、まずは二人に「死ぬ気で返す」と決めていただいて、「何が何でも二人で返します」そう唱えることから始めていただきました。

そのうえで「借金を返すために、何ができると思う?」と聞いてみました。

奥様は「わたしも働きに出ます。主人に土日も宅配でアルバイトをしてもらう」と言いだしました。

しかし彼は「嫌だよ、土日は休みたい」とぐずって、夫婦喧嘩になりましたが、わたしが見ている前で二人は話し合い、「借金を返すまでの少しの間、健康なんだからやってよ」と奥様がすごみ、彼も渋々「お金を返すために土日も働きます」と承諾してくれました。

「あとは何ができると思いますか？」さらに質問をしてみました。

妻「彼の親に泣きついてみようと思う」

夫「無理だよ。親父は頑固だし、お金を持っていないよ」

妻「聞いてみないとわからないんじゃないの？　首を吊るよりもましでしょう」

ということで、その日のうちに父親に頼み込んでみました。

すると、新妻に優しい義父が快くＯＫしてくれて、父親は半分ちょっとを肩代わりしてくれたそうです。借金はあと３００万円に減りました。

誰かが間に入って話し合いをすることで、スムーズにいくのかもしれません。

その後ご主人は無事に借金を返済し、宅配のバイトもやめられて、今は夫婦仲よく堅実に暮らしています。

「（自分の名前）〇〇さんありがとう。わたしは自分が思っている10倍、20倍、30倍のパワーがある。今は気がつかなくても、その力があることを認めます。わたしはその力を使い借金を返し、豊かに暮らすことを決断します。ありがとう」と唱えてみるのもおすすめです。

ずっと「お金はいいもの」だと思っていました

お金といえば、面白いエピソードがいくつかあります。わたしのうちは自営業だったので、月末は職人さんが集まり、給料を手渡しで渡していました。

そのときに2、3歳だったわたしは、父親の膝に抱っこされていて、父は帯のついた百万円の札束をわたしににぎらせてくれました。子供に見せたかったのでしょうね。

父は「お父さんがこんなに稼いだんだよ」と優しく話してくれたので、わたしは幼少期から「お金はいいもの」だと思っていました。

しかし皆さんの話を聞いていると、多くの方が「お金は汚いもの」と思っているようなのです。

わたしの幼少期の話をすると「2、3歳児にお札なんて触らせないよ。ぐれちゃうじゃない」などと言う人もいます。

「子供にお金を触らせると、ろくなことはない」と言って、目くじらを立てる人もいますが、わたしはぐれもせず、普通に育ちました。
うちでは普通に札束を触っていましたから。
そのおかげで「お金はいいものなんだ」と心に焼き付いているようなので、プラスになっています。
給料日は、みんなが笑顔でお酒を飲んで、カラオケを歌い、とても楽しそうでした。

だから「お金は楽しいもの」というインプットがされたのでしょう。

お金のブロックを外してみる

「え〜、ちあ魔女のように、子供の頃に札束なんて触っていないよ」と言う方が、イメージで子供のころにもどって、ボーナス時に親がお札を触らしてくれたビジョンを描いたら、お金の不安が減ったと言われました。

イメージで、親が札束を触らせてくれた、親戚が触らせてくれた。おじいちゃんが触らせてくれたなどをいろいろやってみると楽しいかもしれませんね。

これでお金のブロックが和らいだら儲けものというくらいの、軽い気持ちで楽しくやってみましょう。

実際これで、お金のブロックが外れた人がたくさんいます。

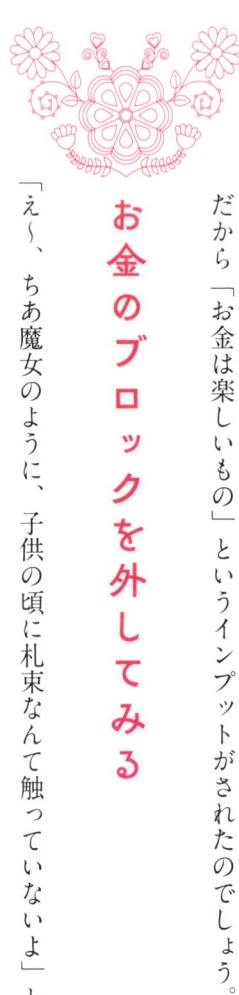

子供の頃におもちゃの紙幣がはやったときに、母に「わたしも欲しい、買って〜」とねだると母は、「おもちゃなんていらないわよ。本物を触りなさい」と言って、100万円の束を触らせてくれました。

子供ながらに、相当嬉しかったことを覚えています。

いい子を育てるコツは、小さいうちから本物を見せることが大切だと後で知りましたが、わたしの母は自然にそういうことをしてたのですね。

100万円の束を触らせてもらうと、テンションが上がります。

あるとき、100万円の束を見て、わたしは母に言いました。

「すごーい。これだけあったら一生暮らせるね」。

すると母は「あら、たったこれだけでいいの？　だったらあげるわよ。これで一生なら安いもんだわ」と言いました。

このときは、ビビって受け取らなかったのですが（今思えばもらっとけばよかったかもです）、小さい子供にそんなことを言う母親も母親ですが（わたしの母親は変わっています）、このときにわたしは「１００万円って少ないんだ。一生ってもっとお金がかかるんだぁ」と強く思ったのでした。この体験は、とっても衝撃でした。

父親からお金について学んだこと

お金が楽しくて、小学校に上がったころに「わたしがお金数える〜」と父に頼んで、職人さんの給料を数えさせてもらっていました。

1万円札を「1枚、2枚、3枚、10枚〜20枚」と数えて袋に入れて渡します。

数えていると、あれ、職人さんたちの金額が違うと気がつきました。小学校1年生で、人によって稼ぎが違うことに気づきます。

なんで違うのかを父親に聞いたことがありました。

わたしのお気に入りのイケメンお兄さんにたくさんあげたいのに、彼は稼ぎが少なかったのです。

「男は顔じゃないんだよ。あいつはさぼるから、お金が少ないのさ。ミーさんは1を聞いて10を知るから給料がいいんだよ、どっちがいい？」

「多いほうがいい。さぼっていたらお金が少ない。言われたことしかやらないと、お金が少ないんだ」と知ったのでした。

子供の好奇心はすごいですね。そうやって父親からお金について学んでいきました。

隣の家が夜逃げをした話

もう一つお金に関してのエピソードがあります。

わたしが6歳か7歳の頃に、隣の家が夜逃げをしたのです。仲の良いお友達だった子供も忽然と消えてしまいました。

「隣の家、夜逃げだって。まったく気がつかなかったね」と両親が話していて、「夜逃げってなぁに？」と聞いたら、「お金がなくて、逃げちゃう人のことだよ。借金取りに追い立てられて、家にいられなくなってしまうんだよ」と教えてもらい、すごくショックを受けました。

「お金がなくて借金取りから逃げるって、どういうことだろう？」とわたしはパニックになりました。

隣の家のお父さんは会社を経営していて、家に遊びに行くと、大きいテレビや豪華な家具、シャンデリアがあって、お金がないようには見えませんでした。

その家には4つ年上のお兄さんがいて、よく遊んでもらったのです。

2歳、3歳の誕生日も一緒にお祝いしてもらいました。

年も近くて隣なので、よく行き来をしていました。隣の家のお父さんには、よくドライブや釣りにも連れて行ってもらいました。〝いいな、隣のお父さんは優しくて、あちこちつれていってくれて。うちは忙しくて、遊んでもらえないし〟と思ったものでした。

隣の家はとっても裕福に見えたので不思議に思い、父に、

「でも◯◯ちゃんの家は、お金持っていると思うよ」と言うと、

「なさそうに見えてあるのがお金。ありそうに見えてないのがお金だよ。

僕たちも彼らはお金があると思っていたけどね。人は外見ではわからないんだよ」

「お金は魔物だよ、だから上手につき合わないといけないんだよ。

無駄遣いはしないほうがいいし、無理して買わない、欲しいものがあったらちゃんとためてから買う。

貯金して、待つのも楽しいんだよ。

そうだ、貯金通帳を作ったらいいよ。お年玉をためときなさい。大きくなって欲しいものができたらそこから買うといいよ」

と言われて、郵便局の通帳をつくりました（小学校2年ぐらいで作った通帳は20歳くらいのときにアメリカでシャネルバッグに化けていました）。

お金さんとの会話

お金に関するエピソードは、ほかにもあります。

健康道場の先生のお話です。

「わたしはお金に聞きました。〝お金さん、あなたはどんな人が好き？〟

するとお金さんが言いました。

〝喜ぶ人が好き〟。だからお金が入って来たら、みんな喜ぶんだよ。でも、出すときに渋い顔して出されたら、もうその人のところには行きたくないそうだよ。


お金は回りものです。だからお金が出て行くときに、〝さあ日本経済を潤して、ひいては世界経済を潤して来てね、ガンバレ〜〟と言って出してあげます。

そしたらそのお金が回って来て、あなたに報告に来るのよ。

わたしたちも頑張ってねと言われて自分が出世したら、応援してくれた人のところへお土産を持って行きたいと思うじゃないですか。お金だって一緒ですよ」

と教えてくれました。

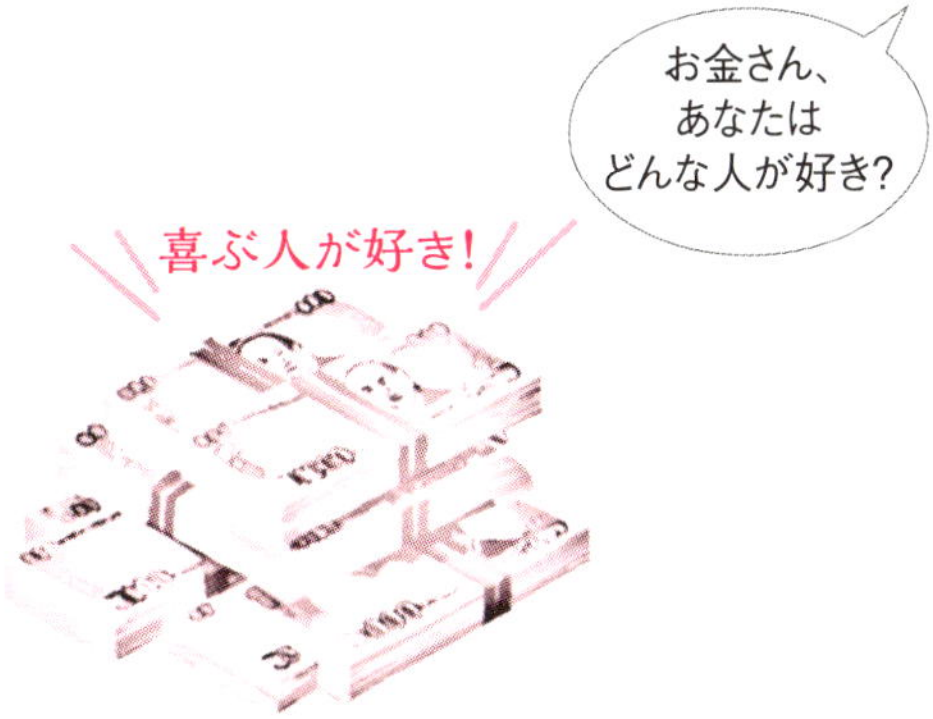
お金さん、
あなたは
どんな人が好き?
喜ぶ人が好き!

さらに健康道場の先生がお金さんに聞いてみたところ、

「お金を使わなすぎるのも、ダメだよ。ケチに徹してしまうと、節約のために友人や知人との付き合いを制限し、その結果、友達も少なくて、自己成長できなくなってしまうことがあるよ。人との付き合いがうまくいかない傾向にあるからね。

そうなると自己否定につながりかねないから、大きな損失になってしまうんだよ。

お金は使ってこそ生きるものだからね。あるのに使わないというのも問題だよ。

節約はしても、ケチケチしちゃだめだよ。

節約はお金を有効に使う人のことを言う。家を買うからブランドの服はやめようとかね。目的を持っている人が多い。

ケチな人とは、何がなんでも安いものにしようとして、安物買いの銭失いになりかねない。楽しく稼いで楽しく使うが基本だよ」と教えてくれました。


「(自分の名前)○○さんありがとう。わたしは自分が思っている10倍、20倍、30倍のパワーがある。今は気がつかなくても、その力があることを認めます。

わたしはその力を使って、楽しく稼いで、楽しく使い、豊かに過ごします。ありがとう」

こう唱えれば、仕事もプライベートも充実して、豊かになりそうですね。

★二次元コードに右記の言葉の音声が入っています。唱えてみてください。

いざというときのために貯金していたら……

ある女性に聞いたことがあります。

ちあ「お金が入ったらどうするの？」

女性「貯金します」

ちあ「貯金して何するの？」

女性「いざというときに使うために貯金します」

ちあ「いざってどんなとき？」

女性「えっ？　いざはいざですよ。例えば病気とか、けがとか、事故とか、トラブルと

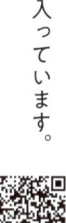

かいろいろあるでしょう」

「病気や事故に備えて貯金をしているわけ？　病気になる前提、事故になる前提で貯金をしているってこと？　え〜、悲しいなあ」と思っていたら、その方は自分の言葉通り、いざというときにお金を使うようになってしまったのです。

病気になり、入院費にお金がかかり、難しい病気だったので保険のきかない自由診療にかかり、持っていた貯金を全部使い果たしたそうです。

自分の発した言葉通りになってしまいました。

貯金はしてよいと思いうのですが「いざ」というときよりも、旅行や楽しむためのお楽しみ貯金としたほうがよいですね。お楽しみ貯金はおすすめです。

1万円札への手紙

お金のエピソードはまだまだあります。
飲み会で盛り上がっているときに「わたしはお金のブロックが強いんです」と打ち明けられ、それではお札さんにお手紙を書いてみましょうと、みんなでやってみることにしました。

真っ先に書いたある方は、
A「拝啓1万円札様、お元気ですか？　わたしの所に来てほしい。いろいろなものが買いたいから来てほしい」
ちあ「それだと、自分のところに入っていないと言っているようなもの。失格ですってば。そんな文章を書いたら、お金さんは逃げちゃいます。

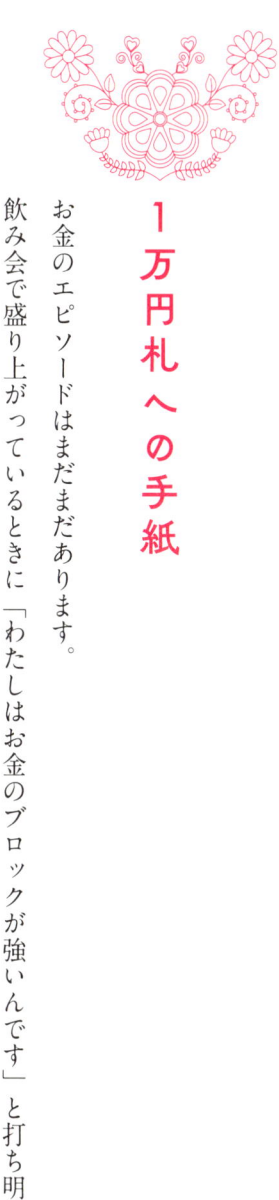

現在持ってないから来てほしいと書くってことは、今入ってきていないという不平不満じゃないの？

お金が入ってくる前提か入ってこない前提か、前提をチェックするといいですよ」

B「1万円札さんお元気ですか？　あなたはすぐに、わたしのもとを去ってしまうので寂しいです。

給料日は確かに銀行に振り込まれているはずなのに、月末には一枚もなくなってしまっています。何とかわたしのそばにいてください。お願いします」

ちあ「なんじゃこりゃ、それって使いすぎってことでしょう。計画立てて使わないと」

C「1万円札さんへ。最近あまりお迎えしてあげられなくてごめんなさい。わたしの所から旅立っていったあなたたちはどうしていますか？　いい人の所に行きましたか？

みんなを幸せにしてくれる役目を果たしていますか？　いつもあなたを他の誰かに手渡す人が、気持ちよくそうしてくれるといいなと思います。

わたしはあなたが、できるだけ多くの人の手を通ってくれるのを願っています」

ちあ「これは別れた恋人に出すものみたいですぅ。これでは1万円札さんは去っていってしまいます。未練たっぷりもダメですってば」

＊　＊　＊

「1万円札さんへのお手紙」というタイトルで書いてもらった皆さんの手紙の面白いこと！　お酒の席が盛り上がりました。

その中で、素晴らしい手紙を書いた人がいました。

「いつもお世話になっています。ありがとう。1万円札さん、いつも一緒にいてくれてありがとう。

たくさんのお友達を連れてきてくれてありがとう。あなたのお友達の5千円札さんも、千円札さんも大好きです。あなた方のおかげで、人生を楽しむことができます。

あなたは人生を楽しむ道具です。楽しく使い、楽しく流したいと思います。

これからもよろしくお願いします」

大正解ですね。

「えぇぇぇ、だってわたしの所にいないのに、こんなこと書けない」と言う人もいるかもしれませんが、願望達成は「感謝先取り。なくてもあるように振る舞う」のが基本ですから、このように書いて、何度も読み上げると、1万円札さんもどんどんやってきてくれるのです。

ありがとうの周波数と合わせてしまうと、ありがたいことが起こる。

だから、先にありがとうなんです。

皆さんに、大正解の手紙を唱えてもらいました。

「ああ、これがお金が入ってくるお手紙なんですね」と一同口々に感心されました。

読者の皆様も「拝啓　渋沢栄一様」という手紙を書いてみるのも面白いと思います。

自分が持っているお金に対するブロックにも気がつきますよ。

お金持ちの人に教えてもらったお金の貯め方

お金にはこんな貯め方があります。

給料日に一度、銀行から全額おろして、わたしが稼いだ1万円、わたしが稼いだ2万円、わたしが稼いだ3万円～と、数えていきます。

全部数えたら、〝ありがとう。このお金を大事に使います〟そう宣言して、すぐに90％をもとの銀行に戻し、10％は別預金しておきます。

この10％は10年使わないで貯めておきます。

10年後、投資に回したり、家や大きなものを買うときに使います。

「これを続けてごらん、お金が貯まるから」と、あるお金持ちの方から教えていただい

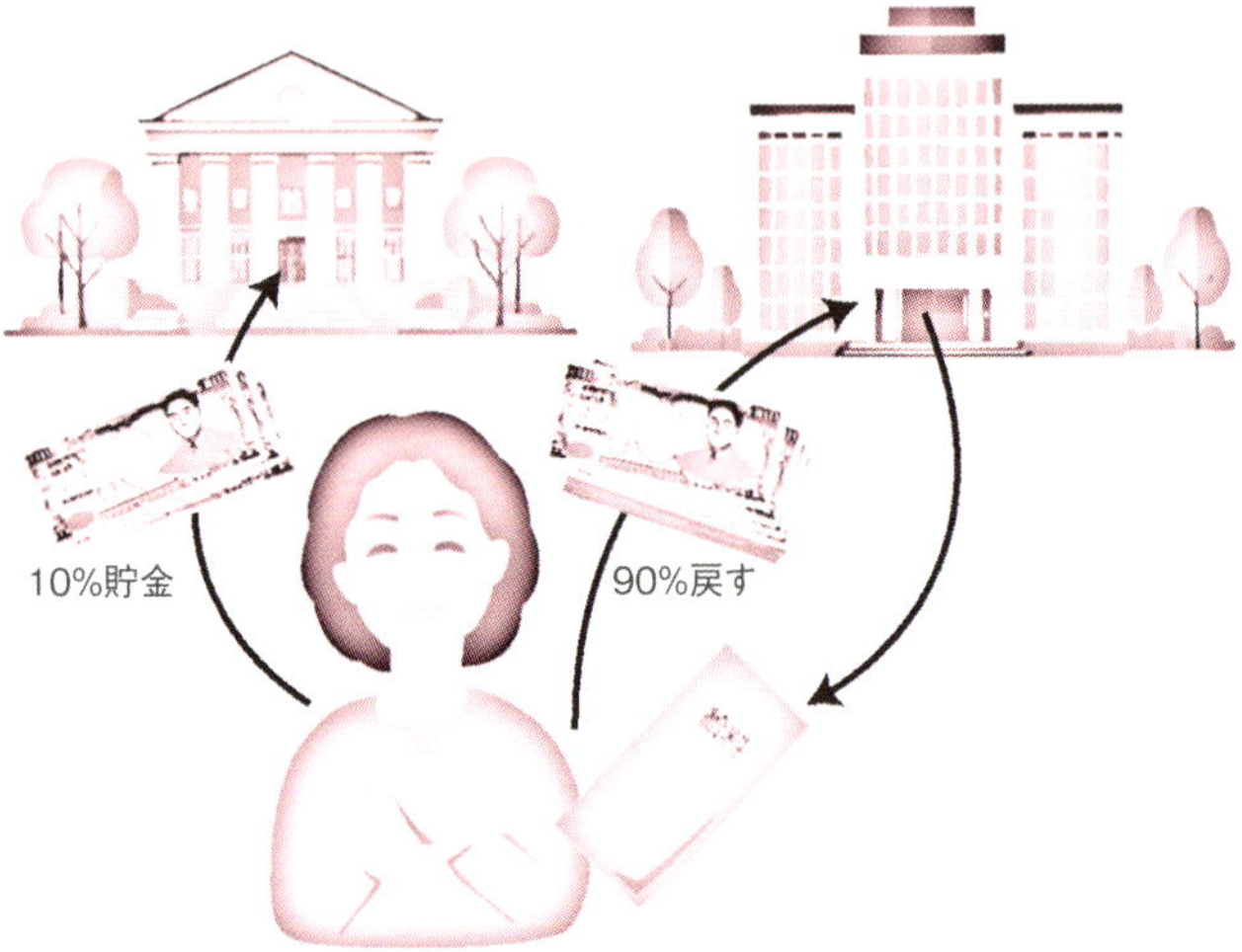

たことがあります。
「え〜、そんなことでお金が増えるわけがない」と疑っている方、ぜひやってみてください。お金を持つという実感ができます。
通帳に記載された数字だと、実感がわかないし、今は通帳さえ持っていない方も多いです。
ネットで数字を確認するだけという人もいますが、ネットで見る数字と、実際にお札を触るのとは、雲泥の差です。ネットで見ると、お金という感じがしないから、お金の感覚が弱くなり、お金を使いすぎたことに気がつけない気がするのです。

何名かに実践をしてもらいましたが、「不思議と無駄使いをしなくなった」「お金が残るようになった」と皆さん口々におっしゃいます。

3か月ぐらい続けると、お金のありがたみがわかるようになって、大事に使うようになります。

だからお金が貯まっていきます。

「10％の貯蓄を、20％にできたんだ。これで10年間貯めて家を買うことにしようと思う」と言っていた方もいました。興味がある方は、ぜひ試してみてくださいね。

チア MEMO

お金については

①基本の収入の範囲内で生活をする。収入以上に使わない。当たり前ですが、この当たり前ができない人が増えているので、この基本を守るようにすること。

②10%は貯蓄に回す。これは、多くの人が言っていることで、この10%が後々増えていきます。増えたら投資に回すといいようです。

③買うときは「感謝できるかどうか」を、吟味してから買う。

この3つが大切です。

買い物上手は、特に節約しようとか思わなくてもいいものをゲットできるので、本当に良かったと思っています。皆さんも真似してみてくださいね。

第6章 問題解決する力

解決策は必ず用意されているんだよ

賢者「生きていたら、いろいろと問題にぶち当たるよね。思いもよらない出来事にも遭遇すると思うけど、どんな問題が起きても、解決する力があるから起こるんだよ。
問題が起きたときに、解決する力も自分の中にあることを認めること。
問題があるときは、解決策も必ず用意されているものなんだよ。

ちあ「問題が起こるのは嫌なんですが。そういえば、健康道場の先生が〝山より大きいイノシシは出ないよ。越えられる力があるものだけが自分にやってくる。だから大丈夫〟と言っていました。

賢者「〝ピンチはチャンス〟と思ったらいいんだよ」

ちあ「何かが起こると、もうダメ、絶体絶命！　と思ってしまうけど、〝ピンチはチャ

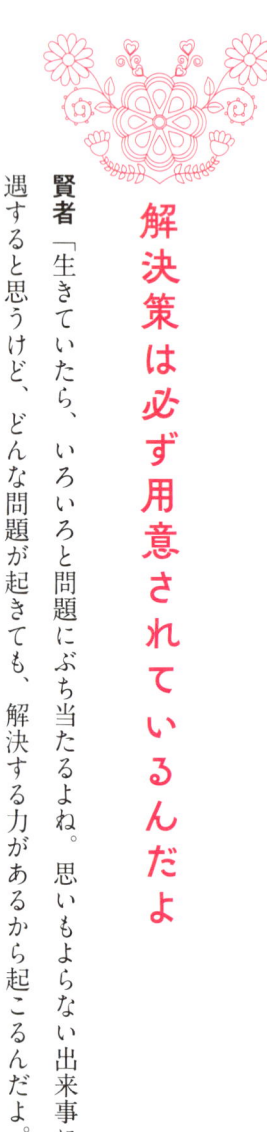

ンス〟だと思うようにします」

賢者「もがいて苦しんでも、解決策はみつからないんだよ。もがけばもがくほど、周波数は落ちていくから。

戦争が起きても、生き延びる人はいる。スペイン風邪が起きても、生き残る人はいる。

〝自分は強運だから大丈夫〟と思い続けることも大事だよ。

僕がスペイン風邪にかかって、もう助からないかもしれないというときに、この言葉をたくさん唱えて、奇跡的に生還したからね。

日本人は日露戦争で勝ったすごいパワーの持ち主なんだよ。白人が優勢で、白人以外の人種が勝てるわけがないと言われていたのに、それを覆して白人に勝ったのは日本人だけだから、すごかったんだよ。日本人の誇りを持って生きることだね」

ちあ「中学高校の歴史の授業で、日露戦争は習ったけど、日本人の誇りなんて教えてくれなかったなぁ」

賢者「知らないのかい？　日本人なのに。日露戦争で日本が勝利したことは、世界中で絶賛されたんだよ。勉強しときなさい。自分の国の歴史を学ぶのは大事だよ」

昔の日本にはすごい人たちがいっぱいいたのに、それが歴史の教科書には載っていません。戦争に負けてから、そういったことが削除されてしまったそうなのです。

これらを学ぶことが日本精神を取り戻し、よりよく生きることにつながると後で知りました。日本精神については、共著者の篠浦伸禎医師が盛んに言っています。

賢者「こんなことが起こってしまった、絶体絶命！　もう無理!!　と思ったときに、〝(自分の名前）〇〇さんありがとう。わたしは自分が思っている10倍、20倍、30倍のパワーがある。今は気がつかなくても、その力があることを認めます。

その力はわたしに解決策を教えてくれます。きっとうまくいく。ありがとう〟と唱えてごらん。解決方法がひらめくから」

★二次元コードに右記の言葉の音声が入っています。
唱えてみてください。

チア
MEMO

『生かされて。』という本

わたしの好きな本に『生かされて。』があります。１９９４年、東アフリカのルワンダで大統領暗殺にはじまり、フツ族過激派がツチ族を虐殺しました。「ツチ族は残らず殺せ」と今まで友人だった人たちが殺しにやってくるのです。

ツチ族の大学生だったイマキュレー・イリバギザが、近所の神父さんの家に逃げ込み、トイレで３か月過ごして生き延びる話です。

トイレには7名もの女性がいて、食べ物もなくやせ細って、殺しに来る過去の友人に見つからないようにびくびく過ごします。イマキュレーはトイレで瞑想をして、意識が変わり、生き延びたのだそうです。

彼女の両親も兄弟も殺されてしまうのですが、ようやく虐殺が終わり、平和が戻ってきたとき、イマキュレーは虐殺者に会いに行きます。そして、その人たちを許します。

わたしは、自分の親と兄弟を殺した相手を許しますなんて、口が裂けても言えないと思います。そんなことができるのでしょうか？

あのような極限状態の中で、人間は平安でいられるのだと感動しました。瞑想は、役に立ちます。普段から瞑想をしていると、こういうときに助けられるのだなと思います。

わたしたちは、誰にでも問題を解決する力がある。それを肝に銘じておきます。

第7章 病気になってしまったら

病気はメッセージ

賢者「病気は生き方を変えなさい、心を変えなさい、自分を大事にしなさい、食を変えなさいというメッセージなんだよ。

たまたま運が悪くて病気になるわけじゃない。なるべくして、なってしまったんだよ。

だから、自分でつくった病気は自分で癒す、まずは向き合うというスタンスでいることが大事だね。何も医者は必要ないということではないよ。

どんなに名医でも、本人がもうダメだとあきらめていると、なかなか回復しないしね。

最終的に、本人の健康なときに戻りたい、よくなりたいという思いが大きく作用するものだよ。医者がもうダメだと言ったとしても、本人が絶対生きる、絶対よくなるという強い思いを持っていたら、奇跡だって起こるんだよ。

僕がスペイン風邪にかかって死にそうになったけれど、〝絶対生きる〟と思い続けて生還したという話をしたよね？

ときに人間は、とてつもない力を発揮したりするよ。人間には自然治癒力というのがあって、これは誰もが持っている力だけど、その力が発揮されて、奇跡が起こることがある。

よくならない病気はないんだよ。もう回復しない、ダメだと思いこんでいる人がいるだけで、本当はどんな病気もよくなるんだよ。90％の病気はよくなるんだよ」

ちあ「90％もですか？　それは多すぎませんか？」

賢者「病気の患者に向かって〝もうダメです〟なんて言う医者は、へぼ医者だよ。医者にも〝本物の医者〟と〝そうではない医者〟がいるからね」

ちあ「医師に見放された末期ガンの人が瞑想で回復したという話を直接本人から聞いたことがあります。その方は、〝小さい子供を残して死ぬわけにはいかない。病院で死を待っているのは辛い〃と自主退院をして瞑想を習ったそうです。

そして瞑想をして、自分の体に白い光を当てていったそうです。


毎日瞑想していると、ガンのところが黒く見えたそうで、全身がガンだったから、体の中に黒い所があちこちにあって、そこに白い光を当てて消していったそうです。

でも、あんまりにも黒い部分が多いので、〝1個になれ!〃とガンに命令したら、1個になったそうです。

その方は、イメージでは黒い所が1個になっても、果たして本当にそうだろうかと思い、病院へ行ってCT検査を受けたそうです。


〝ガンが1個になっている気がします〃と言うと、担当の医師は〝なんで1個ってわかるんだよ! それより君はまだ生きていたのか?〃と言ったそうですが、CT検査で確認したら、本当にガンが1個になっていたそうです。

その方は〝あー! 瞑想で見たのと一緒だ。これなら大丈夫〃という確信につながり、最後の最後がなかなか消えなかったけど、とうとう黒い部分が消えたと言っていました」

口では元気になりたいと言っていても……

賢者「白い光や緑の光のイメージは快癒や幸せを呼び込むので、瞑想でどんどん使ったらいいよ。

医師の言葉よりも、自分の思いが優先されるんだよ。

どんなにいい医師でも、本人のよくなろうという意識が弱いと回復は難しいんだよ。

本人がどれだけ真剣に、心の奥底から、よくなりたい、健康になりたいと思っているかにかかっているんだよ。

まずは、〝自分で作った病気は自分で癒す〟そう決断することだよ。

ただ不思議なことがあって、重い病気になって、早くよくなりたいと言っている人の大半が、実はあきらめていたり、回復することを疑っているんだよ。
口では元気になりたいと言っても、心の奥ではどうせダメだと思っている人が多いんだね。

そうすると、もしほかに良い治療法があったとしても、自分はもうダメだと思い込んでいる人には見つけることができないんだよ。
この世は周波数だと言ったよね？　悪化するに決まっていると無意識で思っていたら、良い治療法の情報には出合えないのは当然だよね。

医師に見放された人でも、奇跡的な回復をした人はいっぱいいる。奇跡はどこでも起きているんだよ。〝絶対に生きる〟と思って希望を持ち続けている人には、良い治療法が見つかることがあるんだよ」

自分は健康でい続けると決めておくこと

賢者「その前に〝自分は病気にならない〟と決めておくことが大事だよ。

〝自分は健康でい続ける。生涯現役で歩く〟と思っていると、足腰も丈夫でいられるよ。

〝決めたくらいで健康になるなら、医者はいらないよ〟と言うかもしれないけどね。

この世は周波数だから、〝一生健康でい続ける〟と、自分で決めることが大事なんだよ。

決めておくと健康の情報も入ってくるから、今から決めておくこと。

〝年を取ったらボケるのは当たり前〟といった嘘の情報に惑わされてしまう人もいるね。

ボケたいなら、その情報を受け取って、自分の心に焼き付けて実現させてもいいけど、そうじゃないなら、自分の心の奥底に焼き付けないこと。スルーすること。

〝わたしは大丈夫！〟と思うこと。

好奇心がなくなったらボケやすくなるから、常に行動をし続けていることが大事だよ」

チアMEMO

無意識が人生をつくっている

わたしたちの意識は、「意識している意識（顕在意識《けんざいいしき》）」と、潜在意識と呼ばれている「無意識」に分かれています。

無意識は自分で気づいていない部分のことです。

個人差はありますが、平均して無意識が97％だと言われています。意識している意識は３％だそうです。瞑想をすることでこの比率は変わってきます。

その大部分の無意識が人生をつくっているから厄介なのです。

誰も意識して失敗しようとか、病気になろうなどと思っていませんよね。

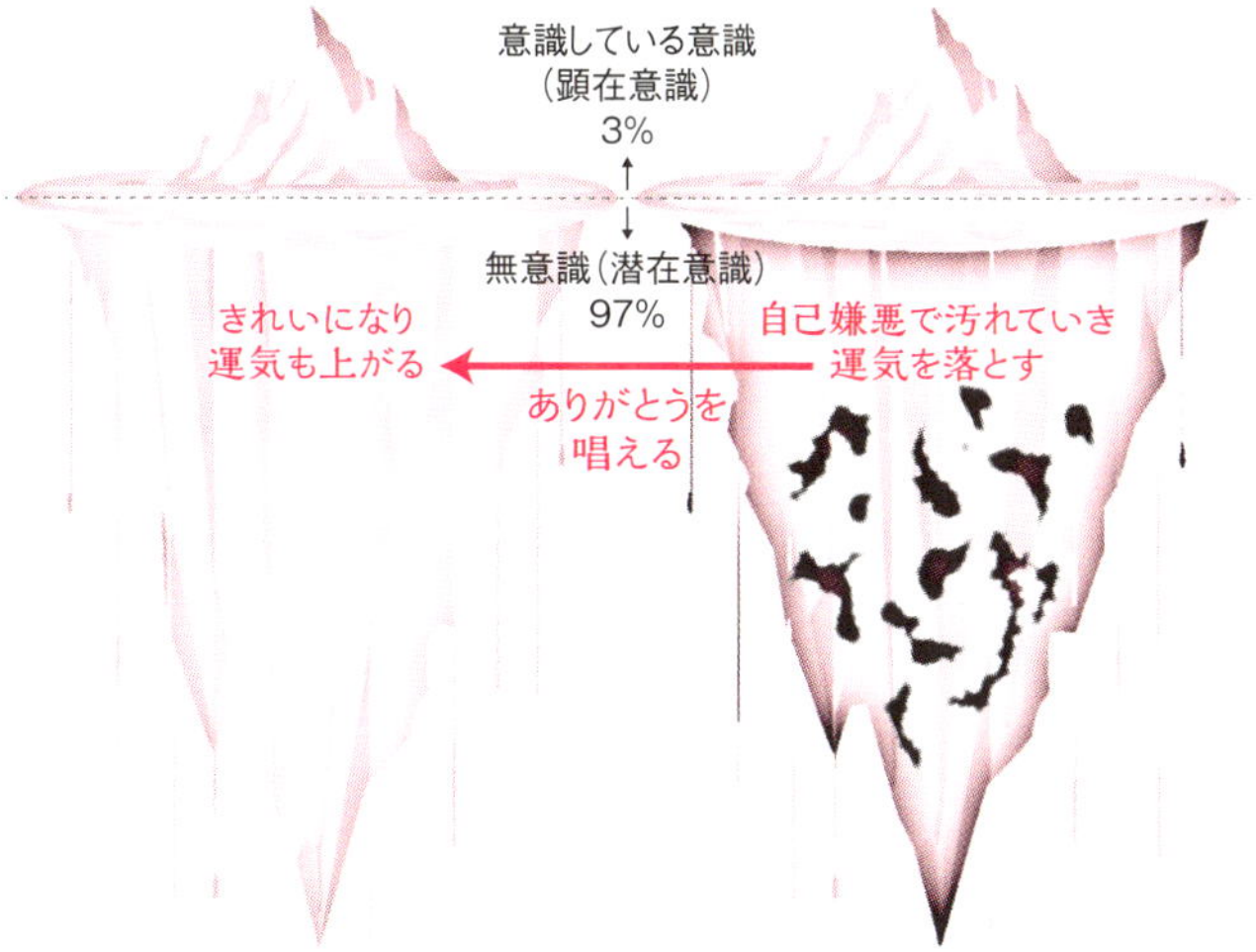

きれいになり
運気も上がる
自己嫌悪で汚れていき

でも、無意識で病気を望んでしまう人もいるのです。「そんなはずはない」という方も多いと思いますが、こんなことに思い当たりませんか。

例えば、うれしそうに病院に行く年配の方たち。口では「病気は嫌だ」と言いながら、病院に行くことを楽しみにしています。

お話をするなら別の場所にすればいいのに「病院で友達と会うのが楽しみ」などと思っていたら、病院とは縁が切れません。

病気が嫌だったら、病院と縁を切る

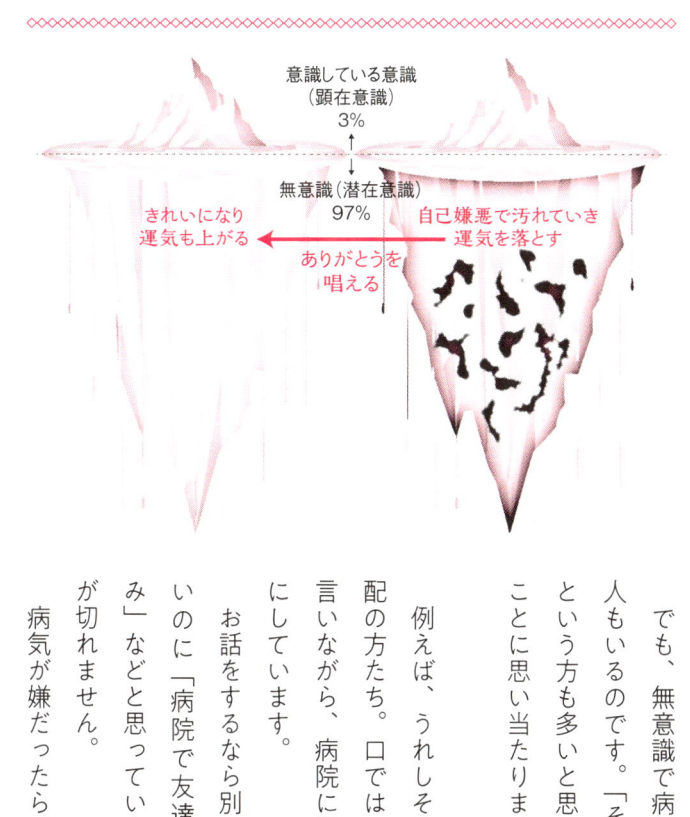

ことが大切なのです。

無意識は言葉とも関係しています。

たとえば「人生は辛いものだ」としょっちゅう口にしたり、思ったりしていると、それが潜在意識に焼き付いて、「人生は辛い」というインプットがなされ、本当に人生が辛くなってしまうのです。

潜在意識は言葉や感情に反応しやすいのです。だから強いショックを受けたときにも焼き付いてしまいます。嫌なことやショックなことがあったときは、「ありがとう、安心安心、大丈夫」と唱えて潜在意識を浄化しておくとよいですね。

まずは潜在意識と仲良くなることが大事です。

潜在意識はマイナスの感情や汚い言葉で汚れてしまいます。だから自分の名前に「ありがとう」を唱えて、汚れてしまった潜在意識をきれいにする必要があります。

潜在意識には昔体験したことや、辛かった記憶が入っています。

それらの嫌な記憶が何かの拍子に出てきて、トラウマとして同じような失敗を繰り返してしまうのです。

◆潜在意識には扉がある

実は、あまり知られていないことかもしれませんが、「潜在意識には扉がある」と言われています。

「瞑想をすると扉を探せますよ」とわたしの師である山田先生はおっしゃっていました。

瞑想をすると扉を見つけることができます。

この扉は普段は閉まっていて、脳波がα波になるとあきます。

つまり、リラックスしているときにこの扉があくので、この時にいい言葉を唱えると、心の奥底に焼き付けることができます。

お風呂の中で唱えるのがよいのは、こういう理由からなのです。お風呂タイムはスマホなんていじってないで、よい言葉を唱える時間にするといいですね。

お風呂で「ありがとう」やよい言葉を唱えて、強運になりましょう。

元気になった周波数に合わせること

賢者「病気になってしまったら〝(自分の名前)○○さんありがとう。

わたしは自分が思っている10倍、20倍、30倍のパワーがある。今は気がつかなくても、その力があることを認めます。

自分でつくった病気は自分で癒す、わたしにはその力がある。回復に向かっている最中です。

元気になったら○○をします〟。そう唱えているといいよ。
○○には元気になってからやってみたいことを入れるといいよ。
旅行に行くとか、回復祝いをするとか、今はできないけど、体の具合がよくなったらできることを入れておくといいよ。

すると、回復や治癒の周波数と同調してきて、いい病院に巡り合えたり、いい治療法に出合ったりするからね。


すべては周波数だと伝えたよね。

だから、健康を取り戻して、**元気になった周波数に合わせることが大事なんだよ。**

その周波数に合わせるには、元の健康な状態や、元気になったときの**感情を先取りして、味わうこと。**

すでによくなった気分で、ワクワク過ごすといいよ。


このときに、一瞬たりとも不安になってはいけないよ。

不安になってしまったら、ふりだしに戻ってやり直しになるからね。

〝ちょっとくらい不安に思ってもいいよね〟と言う人がいるけど、ちょっとでもダメなんだよ。

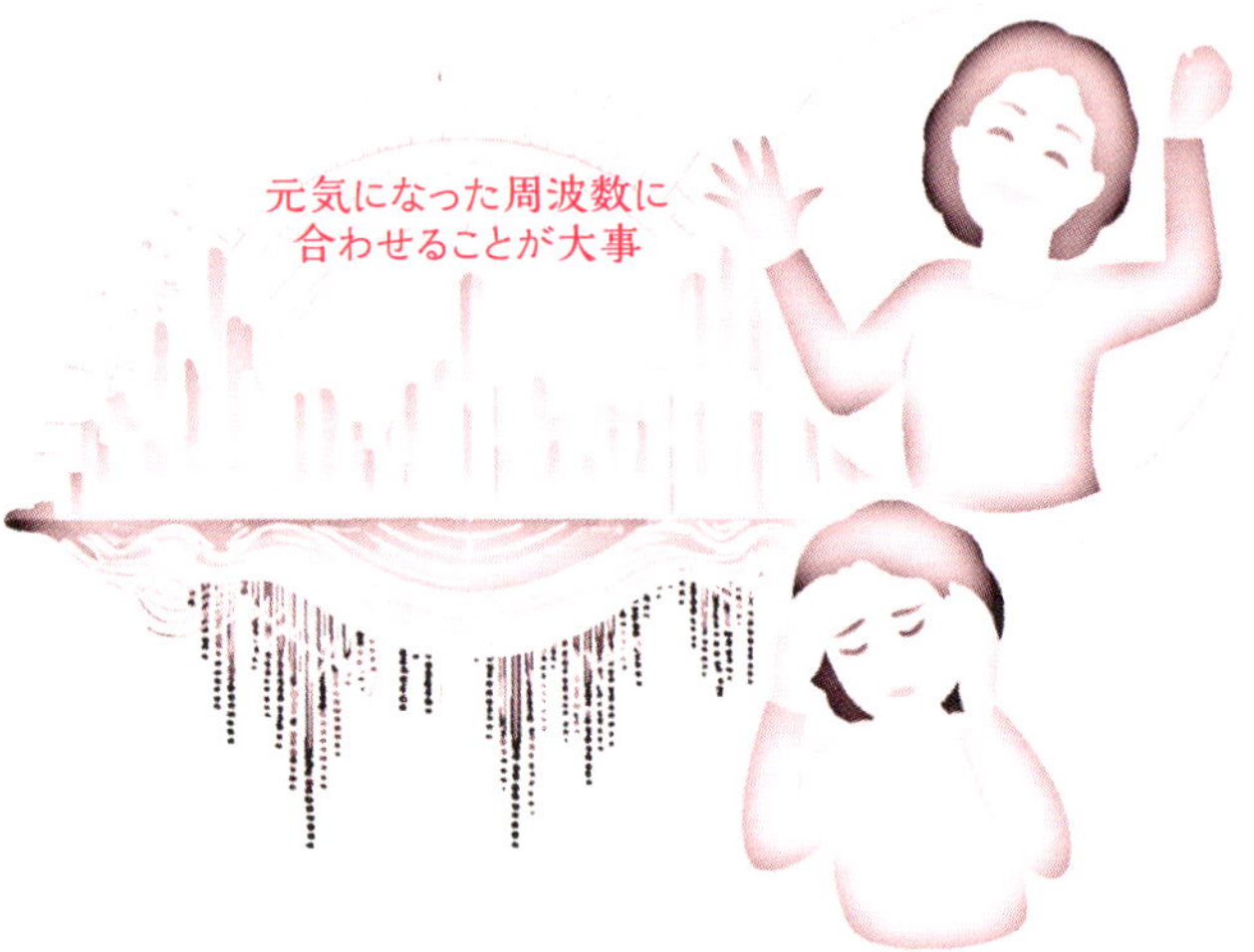

ちょっとの不安を許してしまうと、その不安が増殖してしまうから。

最初は元気になったイメージをしても、嘘くさいなとか、そんなにうまくいくはずがない、という疑いの気持ちが湧いてくる。その疑いは、日に日に大きくなってしまうかもしれない。

最初の頃は、あきらめや不安が出てきてしまうかもしれないけれど、ちょっとだけ頑張ってイメージをしていると、あるとき不安が消えて、あたかも以前の状態に戻ったような気分になるときがある。

そこまでいったら、もう病気とはおさら

ば同然だよ。

不安に思いながらイメージしないこと。

不安は未来を打ち消す悪魔のささやきだからね。

決して仲良くしてはいけないよ。

不安になったら〝安心安心、大丈夫〟と言うといいよ」

チア MEMO

不安を消し去る魔法の言葉

「安心安心、大丈夫」。これは不安を消し去る魔法の言葉です。

不安が頭をよぎったら、「安心安心、大丈夫」を唱えてみましょう。

さらに「安心安心、大丈夫。わたしは守られているから、大丈夫」と付け加えてもいいですね。

言葉はエネルギーですから、「本当に守られているの？」などという否定的な言葉は使わないこと。

また本書のカバーのそでに「パワーシート」をつけていますので、切り取ってお使いください。わたしは自分が思っている10倍、20倍、30倍の力があるという言葉が、目には見えませんが打ち込んで入っています。

不安があっては、さまざまなことはうまくいきませんよね。

まずは不安を取ることです。

「生きていれば不安はつきものだ」という人がいますが、わたしは１９９８年に瞑想で真我と一体化という小さな悟りともいえる体験をして、それから不安を感じることがほとんどありません。

瞑想で見た「本当の自分」には、不安がなかったのです。

満たされていて、愛そのもので、これがわたしなんだとストンとわかりました。

至福をずっと感じていました。

その瞑想から覚めても、その至福の感覚は実際の生活でも3か月続きました。

そしてその日以来、不安が消えてしまったようなのです。

26年、不安を感じたことがありません。

なので、不安のない人生を送ることは可能です。何が起こっても不安にならないでいると、解決策も浮かびますしね。

無意識が人生を決めている

時々病気になった方の応援セミナーをしています。参加される方たちは、元気になりたい、回復したい、よくなりたいという思いでいらっしゃいますが、実は大半の方が、心の奥底で健康な体に戻りたいと思っていないことがわかりました。

実際に皆さんに瞑想で探っていただくと、自分が本気でよくなると思っていないと気がついて、愕然とされる方が多いのです。これは病気に限ったことではありません。

劣等感を取る瞑想セミナーに参加された皆さんは「劣等感を取りたいです」と口をそろえて言うのですが、実際に瞑想で探ってもらうと、「劣等感が取れるとは思っていない」「劣等感は一生持って行く」「みんなが持っているから、自分も持っていてもいいよね」と思っていたと、口々に言います。

先述の通り、わたしたちの意識は「無意識（潜在意識）」と「意識（顕在意識）」があり、無意識が97％近くを占めています。

口では「元気になりたい」「健康な体に戻りたい」と言っていても、心の奥では「どうせ無理だろう」と思っていると、その心の奥の声を拾ってしまって、よくなるものもならなくなってしまうのです。

わたしたちは、**無意識で思ったことが現実になります。無意識が人生を決めてしまっています。**

厄介なことに、無意識だから気がつかないのです。だから運悪くトラブルにあった、たまたま病気になったなどと思っていても、この世にたまたまなんてありません。すべて必然です。

思い込みを手放してみる

ある方は、病気治療の副作用で熱を出して寝込んでいました。「次の治療のあとも寝込むだろうから、動けない」とおっしゃいました。

ちあ「来週の治療も寝込むはず、高熱を出すはずと決めつけているの？　それじゃあ、その通りになっちゃうよ」

X「今まで2度ともそうだったから、今回も熱を出すと思い込んでいました。そんなことを思っちゃダメですね」

ちあ「この治療はわたしを元気にしてくれる。治療の次の日から元気で過ごしますと宣言すればいいじゃない？」

X「そうします」

そして1週間後の治療の後、彼女は熱も出さずに元気でした。体調もいいそうです。彼女は「思いは大事ですね。医師から〝治療のあとは熱が出るよ。こういう副作用があるよ〟と言われて、その通りになるとすっかり思い込んでいました」としみじみ話してくれました。

乳ガンを自然治癒した大久保和子さんは、教師時代に同僚にいじめられ、PTAに怒られ、「なんでわたしばかりがこんな人生なのよ」と文句を言い続けて、自分の人生を呪っていました。

彼女は「周りの人たちを恨んでいたら、ガンになった」と言いました。

北海道から東京にやってきた彼女に、わたしは心の法則を伝えました。

自分の体に感謝をして、自分にありがとうを唱え、ガンにもありがとうを言い、扁桃体にありがとうを唱えてトラウマを癒し、毎日瞑想をしていたら、ガンは少しずつ小さくなり、消えていきました。

「思いは大事だわ」と彼女はしみじみおっしゃいました。


自分の中に病気を癒す力がある。

それを使うと、しっかり決めること。


「(自分の名前)〇〇さんありがとう。わたしは自分が思っている10倍、20倍、30倍のパワーがある。今は気がつかなくても、その力があることを認めます。

わたしはその力を使って、健康になっていきます。ありがとう」

このように唱えるといいですね。

これを毎日唱えてから、元気になった場面をイメージして、あれをしよう、これもしよう、とワクワクすること。それが大事です。

★二次元コードに右記の言葉の音声が入っています。
唱えてみましょう。

不安と縁を切りましょう

病気になったときは、不安材料をそばに置かない、ネットで病気のことを検索しすぎないことも大切です。

乳ガンを自然治癒させた別の方は、「ガンについて調べるな」とお兄さんから言われて、それを守ったそうです。あとで調べたら、自分は再発しやすい、かなり悪性のガン

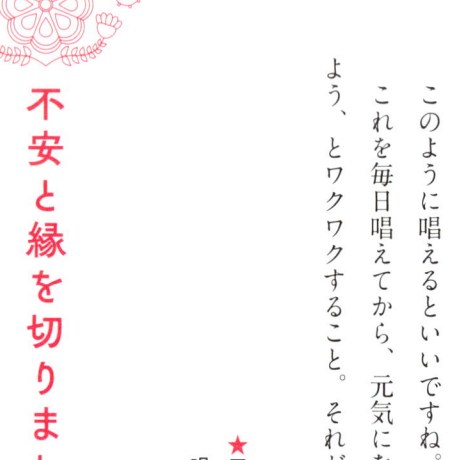

だったことを知ったそうです。

ガンのときに調べていたら、気分が落ち込んだままで回復しなかったかもしれないと、振り返っていました。

病気になったら、ショックで落胆すると思います。最初は目の前が真っ暗になるかもしれません。

でも、絶対によくなると決めて、いい感情でいられるように、元気になった場面を何度もイメージして、いい気分で過ごすことです。


奇跡は起こると信じた人に起こる現象です。


自分の回復を信じ続けること。

それが信じられたら、不安は驚くほどなくなります。

不安と縁を切ることが、健康を取り戻すカギになっていきます。

※親や友達の名前を入れて唱えてみるのもいいでしょう。

「(名前)〇〇さんありがとう。〇〇さんはわたしが思っている10倍、20倍、30倍のパワーがある。今は気がついていなくても、その力があることを認めます。

〇〇さんはその力を活かして、健康になっていきます。

そして、わたしにも〇〇さんを癒す力があります。

その力を〇〇さんが元気になるように使って祈ります」

寿命は自分で選べる?

「寿命は決まっているの?」と聞かれたことがあります。

人間の寿命はある程度は決まっているけれど、それを書き換えることもできると教わったことがあります。本当のところはどうなのでしょうか。

瞑想でアカシックレコードといって、すべての魂の情報が記録されている宇宙図書館にアクセスして、自分の寿命を見ることができます。上級の瞑想になるのですが、訓練をすることで誰でも可能になります。

瞑想セミナーに参加された平井一郁さんは、末期ガンでふらふらになりながらも、長崎から東京のセミナーにやってきました。ご飯も食べられなくなっていて、かなり痩せてしまったとのことでした。

そんな彼がアカシックレコードを見たときに、こう言いました。

「僕、寿命が二つあったんですけど、これは何でしょうか？　一つは、年内か来年に消えてしまう。

そして、もう一つは長くて、80歳とか90何歳までありました」とおっしゃるのです。

そのときに、「やっぱり寿命は自分で選べるんだなぁ」と思ったのです。

わたしは彼に「どっちがいい？」と聞きました。

彼は「もちろん、長生きがいいです。今年か来年に死ぬのは嫌ですよ」と言います。

「じゃあ、書き換えてしまいましょう。もう一度アカシックレコードを見て、自分は長生きすると頼んできたらいいよ」。さらに「〝何が何でも元気で長生きする〟って唱えてね」と伝えました。

彼は余命宣告をされていたのにもかかわらず、その後元気になりました。体重も増えて、ガン患者だったとは思えないぐらい超健康体になっています。

瞑想で寿命を書き換えてきたのもよかったのかもしれません。

瞑想はできなくても、こうやって毎日唱えてみるといいと思います。

「(自分の名前)○○さんありがとう。わたしは自分が思っている10倍、20倍、30倍のパワーがある。今は気がつかなくても、その力があることを認めます。その力を使って長生きをして、もっと人生を楽しみます。

100歳になっても元気に人生を楽しみます。ありがとう」

★二次元コードに右記の言葉の音声が入っています。唱えてみましょう。

「(自分の名前)○○さんありがとう。わたしは自分が思っている10倍、20倍、30倍のパワーがある。今は気がつかなくても、その力があることを認めます。
その力を使って血圧を正常にし、もっと元気になっていきます。ありがとう」

「(自分の名前)○○さんありがとう。わたしは自分が思っている10倍、20倍、30倍のパワーがある。今は気がつかなくても、その力があることを認めます。
その力を使って、膝(肩、腰など)を改善し、もっと元気になっていきます。ありがとう」

「(自分の名前)○○さんありがとう。わたしは自分が思っている10倍、20倍、30倍のパワーがある。今は気がつかなくても、その力があることを認めます。

その力を使って、肩の力を抜いてリラックスして、もっと元気になっていきます。ありがとう」

「(自分の名前)○○さんありがとう。わたしは自分が思っている10倍、20倍、30倍のパワーがある。今は気がつかなくても、その力があることを認めます。その力を使って、元気な子供を授かりました。ありがとう」

こんな風に唱えてみてもOKです。

病気の方々に唱えていただいていますが、好評です。

第8章
人生を楽しむ

ずっとずっと、楽しんでいいんだよ

賢者「自分の中にある素晴らしい力を、みんなが持っているんだよ。

だからその力を使って、人生を楽しんだらいいんだよ。

〝人生を楽しむ〟って決めるんだよ。

〝楽しむ〟って唱えていると、楽しいことに目が行くようになるからね。

言葉にはパワーがある。だから楽しむんだと思っていると、楽しいことに遭遇するようになるのさ。わかるかな？　**楽しい周波数と同調する**ということだよ。

決めておかないと、ネガティブな人の影響を受けて、そちらと周波数が同調してしまい、人生が辛いことでいっぱいになってしまうこともあるよ。

だから、いまどんなに辛い状態でも、〝楽しむんだ〟としっかりと心に刻んでおくこ

楽しい周波数と同調する

と。健康と、楽しむことを、しっかり刻むんだよ。

この世に生まれたのは〝人生を楽しむため〟なんだよ。

本当は〝生まれてくる前に楽しむぞ〟って決めていたんだけど、生まれたとたんに忘れてしまうのさ。だから、人生を楽しんでいない人が多い。

また、楽しんだら、〝そのあとに辛いことが起こる〟と思い込んでいる人もいるね。とんだ勘違いだよ。

ずっとずっと、楽しんでいいんだからね。

戦争とか、疫病が流行ったときに楽しむのは難しいと思う。でもね、〝悲しい、つらい、大変だ〟と言えば言うほど、その言葉と同調して、ますます辛くなってしまうよ。

だから、しっかりと、楽しむって心に刻むことが大事だよ。

〝楽しんだことがないから、楽しむってわかりません〟という人が時々いるね。

〝楽しんだことがない〟と言っている人は、辛いことが多すぎて、楽しかった頃を思い出せない人かもしれないね。そういうときは、映画のシーンをみて、こんな風になりたいなと想像してもいいよ。

イメージしなくたって、楽しむと思っているだけだっていいんだよ。

〝自分はダメ人間だから楽しんじゃいけない〟と思いこんでいる人もいる。

そうすると、辛い人生になってしまうからね。

そんなことは1ミリたりとも思っちゃいけないよ。

これも、しっかりと心の奥底に焼き付けておくことだよ。

まずは、この言葉を5分ぐらい唱えてみてごらん。

〝(自分の名前)○○さんありがとう。わたしは自分が思っている10倍、20倍、30倍のパワーがある。今は気がつかなくても、その力があることを認めます。
その力を使い、人生を謳歌します。楽しい未来が待っている、嬉しいな。
わたしは未来をつくる力がある。ありがとう〟って唱えてごらん」

★二次元コードに右記の言葉の音声が入っています。
唱えてみましょう。

ちあ「ちあきさん、ありがとう。わたしは自分が思っている10倍、20倍、30倍のパワーがある。今は気がつかなくても、その力があることを認めます。

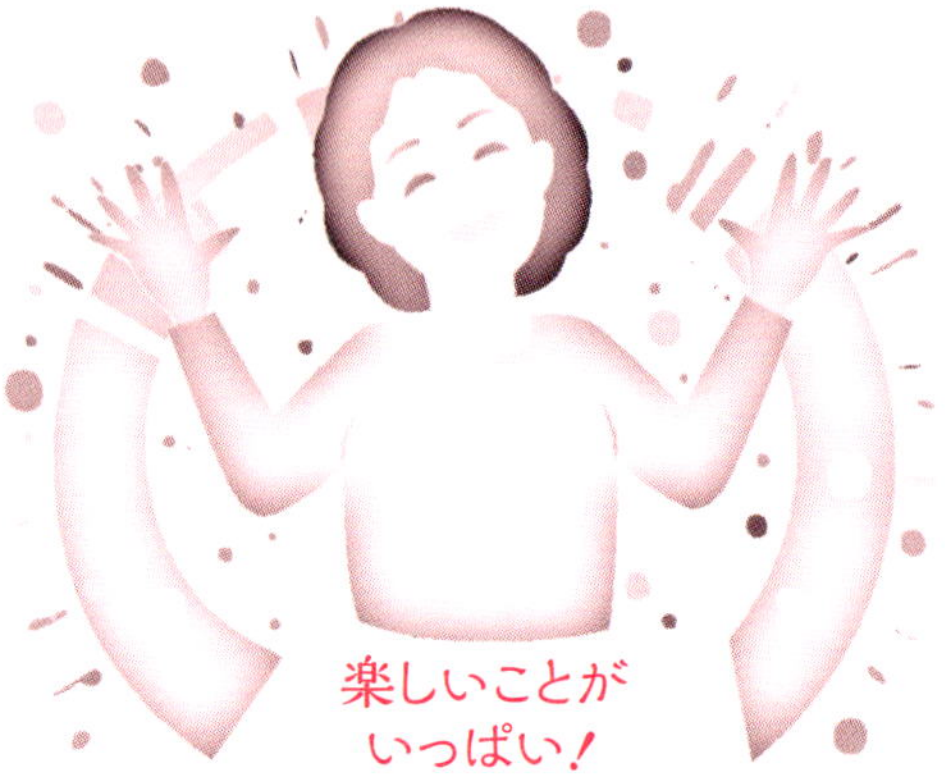

これを使い人生を謳歌します。楽しい未来が待っている、嬉しいな！

わぁぁ、気分がいいですね。イメージしなくても、言葉だけでいいのなら楽ですね」

賢者「そうだよ、**〝言葉が人生を創る〟と言っただろう。唱えるだけでいいんだよ。**

〝楽しいことがいっぱい！〟って唱えてもいいよ。

テレビの暗いニュースを見すぎないことも大事だよ。

思いが人生を創るからね。

〝楽しく生きる〟〝喜びで生きる〟。

そう心の奥底に焼き付けておくことだよ」

人生を楽しんだことのない人へ

ある方は「人生を楽しんではいけない」とずっとずっと思ってきたそうです。
両親が「苦労は買ってでもしなさい」「さぼっちゃだめだよ。人生は辛いものだから」が口癖だったので、「人生は楽しんでもいい」とわたしから聞いたときは、ビックリされたそうです。

「え、楽しんでいいの？　でも、楽しんだ記憶がないから、どうやって楽しんだらいいかわからないけど、唱えるだけでいいなら、唱えてみよう」と思って実践してみたと言います。

長い間引きこもりだったその方は、海外旅行なんて怖くて行きたいとも思わなかったのに、ありがとうを唱えて、言葉を変えていったら、意識が変わってきて、引きこもりが改善されて、出歩けるようになったそうです。

「ちあ魔女が楽しそうに海外に行っているのを見て、わたしも行きたいなぁと思い、初めて家族で海外旅行に行ってきました。楽しい～♪　これからは人生を謳歌します。
人生でこんなに楽しいことがあるなんて思いませんでした。これからもっといろいろなことにチャレンジして、人生を楽しみたいと思います」と笑顔で報告いただきました。

また、ある方が「コロナ禍で家にずっといたから、旅行に行くのが怖くなってしまって」と、ぼやいていました。その方は海外旅行が趣味で、わたしがしょっちゅう海外へ行っていることを聞いて、話しかけてきました。

ある方「あなたいいわね。ラオスに行ったんですって？　そのちょっと前にクルージングにも行かれてたわね。人込みが怖くないの？」
ちあ「わたしは旅行が好きなので、行けるときに行っています」
ある方「わたしだって旅行は好きだったのよ。でも感染症がね……。あなたは怖くないの？」

ちあ「〃わたしは強運だから大丈夫〃と思っているので、大丈夫だと思いますよ」
ある方「そんなことを思ったくらいで病気にならなかったら、苦労はしないわよ。
わたしはガンを患《わずら》ったり、ここが悪かったりあっちが悪かったりで、医者通いで大変なんだから。なんか家に閉じこもっていたら、出かけるのが怖くなって、飛行機に乗るのも怖くて……」

そのあと、さらにぐちぐち言い出したので、その場を逃げたのですが、この方が「人生を楽しむ」と心に焼き付けたら、また出かけられるんだろうなぁと思いました。

人生は楽しまないともったいない。笑って過ごすのも24時間、辛く過ごすのも24時間だったら、笑って過ごしたいですね。

「言葉を変えるぐらいで人生が変わるなら……」そうおっしゃる方は、まずやってみようとしないのです。

唱えたってお金がかかるわけではないし、リスクもないのに不思議です。

まずはやってみましょう。

やってダメだったら、言葉を変えてみましょう。

イメージしなくて、ただ唱えるだけです。

チア MEMO

「喜びで生きる体現者になれ」

わたしは「人生を楽しむ」と決めていたので、楽しんでいることが多いのですが、コロナ禍では、スポーツクラブはお休みになり、都知事から「都民は家から出るな宣言」が出されて、居酒屋にも行けなくなり、腐っていました。

憂さ晴らしで静岡の駿府《すんぷ》城公園に行ったときのことです。

新幹線はガラガラで、1両にわたしの知り合いだけしかいないのに「マスクをしろ」と乗務員に言われて、外を歩くときも、マスクをしている人が多かったです。マスクをしていないのはわたしたちだけでした。

駿府城公園の波動のいい場所にちょうどイスがあったので、そこで座って瞑想をしました。正確には瞑想をしようと呼吸を数回したところで、声がしたのです。

「そちはなにものぞ」と、変な、しかも大きな声がしました。

ちあ「(心の声で)なに、この声？　わたしの瞑想の邪魔をしないでよ」

瞑想をすると、時々ネガティブが入り込んでくるという話を聞いたことがあります。わたしは体験したことがないのですが、ネガティブに乗っ取られてしまって人生を誤ってしまう人がいるらしいです。

なので「変なものが来たのかな？」と、一瞬ビビりました。

すると、「余を知らぬのか？」と、その声は、さっきよりも大きくゆっくりと聞こえました。

ちあ「（心の声）瞑想しようと思っていたのに、突然〝知らぬのか？〟と言われても、知らないわよ。あなた誰？」

「本当に余を知らないのか？」

ちあ「（心の声）知らないわよ。しつこいなぁぁ。瞑想させて～」

今度は声ではなく、一瞬姿が見えました。それは武士でした。

ちあ「（心の声）ここは駿府城だから、もしや徳川家康？」

「いかにも」

ちあ「駿府城の敷地内に、徳川家康の意識がまだ残っているのかな？　家康はいまも良い世界になるように導いてくれているのかな？」

そう思いながら、自己紹介をしました。

すると「喜びで生きる体現者になれ」というお言葉が返ってきました。

「ああ、この流行《はや》り病のせいで、わたしの心は腐っていたな。喜びで生きると決めていたはずなのに、喜びを忘れていた」。家康の言葉が心に響きました。

面白いことに一緒にいたスタッフの門広美さんも、瞑想で同じメッセージを受け取っていました。

「喜びで生きる体現者になれ、それを伝えろ」

コロナ禍で喜びで生きていなかったから、こんなメッセージが来たんだろうなぁ。

どんなときでも、喜びで生きることが大事だなと思いました。

それにしても、家康は面白かったです。

「(自分の名前)〇〇さんありがとう。わたしは自分が思っている10倍、20倍、30倍のパワーがある。今は気がつかなくても、その力があることを認めます。これを使い人生を謳歌します。楽しい未来が待っている。嬉しいな。わたしは未来をつくる力がある。ありがとう」

こうやって唱えて、楽しい未来をつくりあげていきましょう。

第9章

感染力の強い悪口菌、愚痴菌

人を不幸にする恐ろしい菌とは？

賢者「菌といえば、何を思い描くかな？」

ちあ「ばい菌とか、病原菌でしょうか。病気のイメージが強いです」

賢者「もっと感染力が強い菌があるんだよ。なんだと思う？

これに感染したら、まっしぐらに不幸に走っていくんだよ。

それは、悪口菌、愚痴菌に、文句菌だよ。

これに感染したら、さあ大変、悪口を言いたくて仕方がない、愚痴を言いたくてしかたがないという状態が続いてしまうのさ。挙句に悪口を言わない人に対して、あることないこと嘘を言い、ひどい人だとでっちあげてしまったりするよ」

これは、ペストやスペイン風邪なんかよりも恐ろしいんだよ。

どんな流行り病よりも恐ろしい。人を不幸にするからね。

スペイン風邪を知っているかい？　昔世界中で流行ってね、人がバタバタ死んでいったんだよ。あれは怖かったね。

でも、それよりも怖いのが、悪口菌なんだよ。

悪口は言えば言うほど、ヒートアップする。どんどん文句が出てきて、止まらくなってしまうのさ。

こうなるともう大変で、だれにも止められなくなるよ。

愚痴好きは、同じ仲間が集まり、いつも悪口や文句でいっぱいになる。

〝悪口を言うとすっきりする〟と言って、悪口の言い合いになっていることもあるよ。

そんな人たちの集まりには行かないことだよ。

運気を落としてしまうからね。

悪口を言っている人がいたら、そばに寄らないこと。避けるようにすること。

〝悪口菌〟に感染しないようにしないといけないからね。

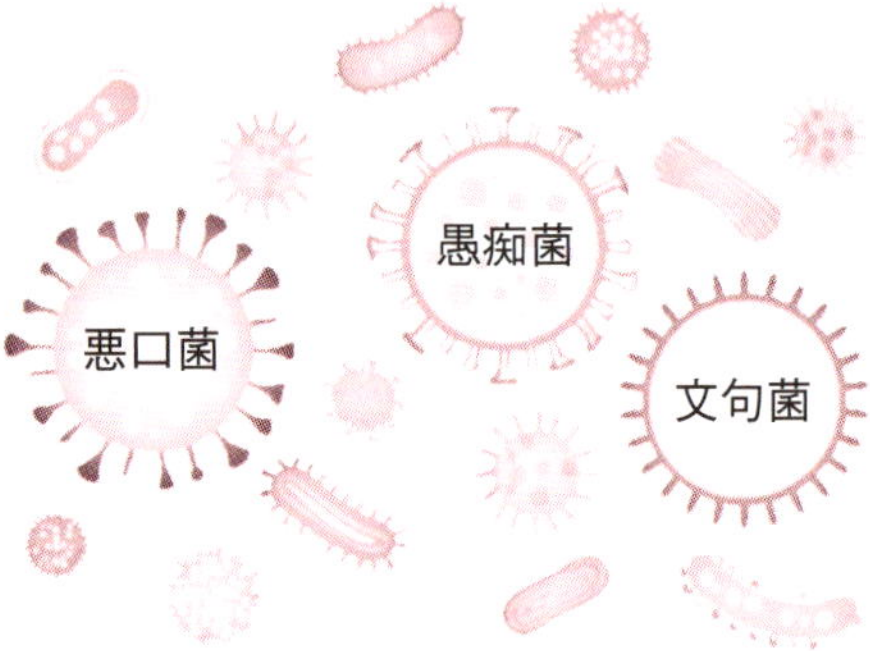

悪口を言っている人から離れる

だいたい自分の幸せにフォーカスしていないから、幸せになると決めていないから、愚痴が増えちゃうんだよ。

そもそも、幸せになれると思っていない人もいて、これは困りものだよ。

病気になっても、痛い、苦しいと呪文のように唱え続けて、その言葉で悪化していることに気が付かない人もいる。

愚痴をやめる決断をする。愚痴を聞かない決断をする。

そうすると、悪口を言わなくなるし、悪口を聞く機会が減っていくよ。

だから、運気も上がっていくんだよ」

ちあ「悪口を聞かないって難しくないですか？」

賢者「この世は周波数だと言っただろう？　聞かないと決めておけば、聞かなくてすむようになるのさ。

嘘だと思ったらやってごらん」

ちあ「愚痴や文句がダメなのはわかっていたけど、〝聞かない決断〟は新鮮です。やってみます」

チア MEMO

愚痴を聞かない決断をした結果

ペルーの賢者と出会って「愚痴を聞かない決断」をしてから、わたしの周りで愚痴を言う人が減りました。

たまに愚痴を言う人がいると、トイレに逃げるようにもしました。そうすると愚痴菌に触れないから、すごく楽に生きられます。

こんなことで人生が変わるなんて、すごく楽です。

愚痴を聞いて嫌な思いをすることも、ぐんと減っています。

愚痴を言っても、解決はしないし悪化しかありません。それでも愚痴を言いたいのか、それともぐっとこらえて、幸せにフォーカスしたいのかを考えましょう。

自分にとってどちらが大事なのかを考えると、おのずから愚痴が減ってくるはずです。

悪口をやめたら体調がよくなった女性の例

わたしの近所に住むある女性が、いつも身内の悪口ばかり言っていて、それを見聞きするのが嫌だったので、彼女を避けていました。悪口菌、愚痴菌に感染して、自分の運気を下げたくないなぁと思っていたからです。

その方は、自分の親、義母、義父の介護に明け暮れていて、大変なのはわかるけど、あまりにもひどいことを言うので、わたしは彼女が話し始めるとトイレに逃げ込んで、極力聞かないようにしていたのですが、あるとき、周りに聞いてくれる人がいなかったらしく、わたしは彼女につかまってしまいました。

X「わたしって、いつも義父の爺さんにとんでもない毒の言葉を吐いているけど、あの爺さんが意地悪だから、ついつい言ってしまうんだよね。でも本当は、ダメだと思っているんだよね」

ちあ「(心の声) この人は、自分で悪いとわかっていて悪口を言っているんだ」

X「だから言葉を変えてみたの。なんて言ったと思う?」

ちあ「ありがとうじゃないの?」

X「そうなの、何でわかったの？　〝鍛えてくれてありがとう〟と言うことにしたのよ。すごいでしょう。わたしってすごいよね」

と誇らしげに言うので、お節介を焼いてしまいました。

ちあ「それ、やめたほうがいいと思うよ」
X「なんでよ。自分でもすごいと思ったのに」
ちあ「鍛えてくれてなんて言っていると、毎日鍛えられて、さらにいびられることになると思うよ」
X「え〜〜〜〜〜〜〜〜〜〜！　じゃあ、なんて言ったらいいのよ」
ちあ「反面教師ありがとう。わたしは爺さんのように性格が悪くなくてよかった。でいいんじゃない？」
X「そんなのでいいの？」

ちあ「鍛えてくれてありがとうと言うより、ずっといいと思うよ。試してみて」

それから数日後、彼女は爺さんのことが気にならなくなり、楽になってきたと言います。

ちあ「悪口はね、自分の運気を落として、体調も悪くなるから、言わないほうがいいんだよ」

X「意地悪な爺さんの介護をして、腹が立ってしょうがなくなっていたら、ご飯が食べられなくなって、実は体を壊したんだよね」

ちあ「やっぱりなぁ。悪口を止めてみたら体調良くなるかもよ」

X「チアリンよく思いつくね」

ちあ「専門家だからね。わたしの本を読んでみてよ」

彼女は数日後、わたしの本を買って読んだらしく、「あの本すごい、号泣した。音声を聞いて涙が止まらなくて、自分がいかに毒の言葉を吐いていて、運気を落としていたかがよくわかったよ」と言いました。

その後彼女は、どんどん変わっていって、前向きになっていきました。

今では、悪口を言う彼女の姿を見かけなくなりました。悪口を言わなくなったら、体調も良くなったらしいです。わたしも彼女を避けることはしなくなりました。

愚痴を言う人と上手に離れられたこと

二つの体験談をお伝えします。

「わたしの知人は近所やスーパーなどで会うたびに、ご主人やお姑さんの愚痴や不平、不満ばかり言っていました。彼女に見つけられてしまうと、待ってました！　とばかりに駆け寄ってきて、愚痴をこぼす、こぼす……。本当に嫌でたまらなかったので、ちあ魔女にすすめられた〝愚痴を聞かない、絶対にこの人の愚痴は聞かない！〟と決めて、その人に〝ありがとう〟を唱えてみました。

すると、す〜っと気持ちも晴れてきて、徐々にその人のことが気にならなくなり、その後、会う機会も減っていったのでした。


すっかり彼女の存在を忘れていて、半年くらい経ったとき偶然に、彼女の話題が出ました。

わたしが〝そういえば、最近あの人見ないね〜〟と言うと、その場にいた人に、

〝え？　知らないの？　ずいぶん前に、旦那さんの転勤か何かで引っ越したのよ〟

と言われ……びっくりしました。


愚痴を嫌々聞いていると、こちらも気分が悪くなるし、時間ももったいないとイライラしていたので、〝愚痴を聞かない〟という決断は、とても大切なんだと実感した出来事でした」

愚痴ばかり言う母と心の会話をしてみると……

知人の話です。

「母が心配性もあってか、それとも愚痴を言うことが娘とのコミュニケーションだとでも思っていたのか、ある時期、毎日電話がかかってきて、さんざん愚痴を聞かされていたことがありました。

すでにわたしは、ちあ魔女から宇宙の法則を習い、愚痴を言うのはもちろん、聞くのも運気を落とすと教わったので、母から愚痴を聞くことが本当に嫌でたまりませんでした。

母にそれとなく〝愚痴ばっかり言っていると、運気を落とすから、ありがとうと言って感謝の気持ちを持たないと〟と、ことあるごとに伝えてはいたのですが、わたしの言い方も良くなかったのか、

〝あんたはわたしの話を聞いてくれない！〟と逆に反発されてしまい、ほとほと困って、うんざりするほどでした。

妹にも〝年寄りは愚痴を言うものなのだから、聞いてあげなよ〟と叱られる始末。

〝そんな親孝行はしたくない！〟と悩んでいたときに、愚痴を聞かない決断をするという話を聞き、実践してみました。

同時に母をイメージしながら、〝わたしはお母さんから、愚痴や文句ばかり聞かされて、電話を切った後は嫌な気持ちで辛いし苦しいんだ……。そんな話は聞きたくないしこれからは聞かないからね！

わたしはお母さんと、毎日楽しい話をしたい。

嬉しいことや、お互いやりたいことや興味があることを聞きたい〟

普段思っていることを心の中で伝えてみたら、イメージの中の母は驚いた顔をして、〝そんな風に思っていたなんて、ごめんね。悪かった〟と不思議なことに謝ってくれたのです。

同時に、母も寂しかったのだなと感じました。

すると、なぜか母を受け入れることができて、愚痴は聞かないけれど、話は聞こう、母を理解しようと思うことができました。

何日か後に、食事に誘おうと思い連絡してみて、こういうお店があってね、どれがいい？　何が食べたい？　行きたいお店とかある？　と話をしていたら、母が〝楽しいねぇ、こういう風に話をするのは〟と言い出したので、〝そうだよ、愚痴や文句ばっかり言うより、楽しい話しよう！〟と返すと、イメージしたときと同じように、〝そんな風に思っていたなんて、ごめんね。悪かった〟と言ったのです。

〝え～っ、イメージの中の母と、同じことを言っている!!〟と驚きました。

愚痴を聞かない決断の効果が出たのだと思いました」

ぜひ、「愚痴を言わない決断」「聞かない決断」をしてみてください。

人生が変わってくると思います。


「（自分の名前）◯◯さんありがとう。わたしは自分が思っている10倍、20倍、30倍のパワーがある。今は気がつかなくても、その力があることを認めます。

これを使い、愚痴を言わない、聞かない決断をして、いい人生を歩みます。

ありがとう」

第10章 唱えてみよう

自分が持っているものに感謝してみる

賢者「人生を変えるには、習慣を変えていく必要があるんだよ。
小さいことから始めたらいい。
聞いただけじゃダメだよ。行動しないと。
まず、**自分が持っているものに感謝をしてみること。**

〝(自分の名前) ○○さんありがとう。
わたしは自分が思っている10倍、20倍、30倍素晴らしい。
いろいろな可能性を持っています。
それを使って人生を謳歌していきます〟

そう唱えて過ごすのは楽しいだろう?

楽しむことだよ。

人生で辛いことが起こることもあるかもしれない。

でもね、そこにとどまりすぎないこと。

〝明日はきっといいことがある〟。そう思って、未来にフォーカスすることだよ」

「言葉ぐらいで人生が変わるなら、苦労はしないよ」という方が多くいらっしゃいます。

でも、まずはやってみることです。

1〜3か月は唱えてみることです。

一日1分もあればできますよ！

自分の名前を書いて　声に出して唱えてみましょう。

「名前（　　　　　　　　　　）さんありがとう。
わたしは自分が思っている10倍、20倍、30倍のパワーがある。
今は気がつかなくても、その力があることを認めます。
その力を使い、人生を謳歌します。
楽しい未来が待っている。嬉しいな。
わたしは未来をつくる力がある。ありがとう」

自分の名前を書くことで、魔法が発動するようになっています。
ぜひ、書き込んでみてください。

唱えてみた皆さんの感想

▼胸が熱くなりました。体温が上がった感じがしました。土から新芽が伸びてくるイメージがでてきました。何やらいい兆しがします。続けていきます。

▼わたしが想像しているよりも、はるかに多くの可能性が、わたしの人生に秘められている、才能が開花しそうな感じがしました。ハートからワクワクと光が溢れ出す感じといいますか、もっともっと人生謳歌するぞ！　と思えました。

▼「10倍、20倍、30倍」と唱えていると、頭の中で「そうかな～」と否定している自分がいましたが、心は喜んでいる感じがしました。
続けていくと、否定する気持ちが減っていきました。人生を謳歌していきます。

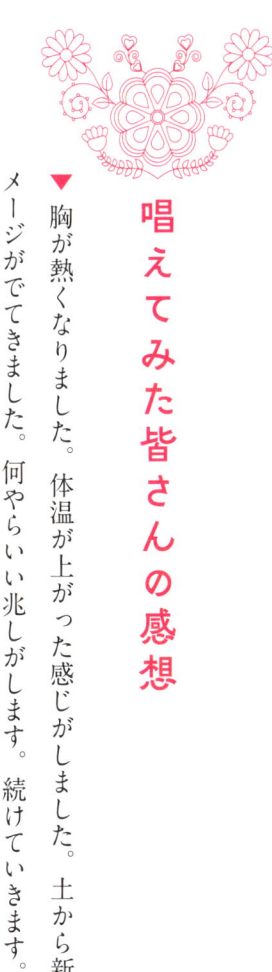

▼唱えていると、大口を開けて笑っているわたしが浮かびました。自由で元気でノビノビ楽しそうです。

行きたいところ、やりたいことがたくさん浮かんできます。ワクワクしています！

もっともっと人生を楽しみます。そして唱え続けます。

▼この言葉を唱えてみて、「10倍、20倍、30倍」のところでワクワクして、「人生を謳歌します」でドキドキしました。わたしに起こった変化は、「欠点を指摘されても、怒らないでいられたこと」「ケンカにならなくなった」ことでした。

子どもが、わたしのだらしないところや悪いところを指摘したときに、いつもなら怒るのに、なぜか「ごもっとも！」と思えて、「そうだよ、直そう！」と決心しました。

▼あまりの変化でおもしろくて、仕事休みの日に1日中ずっと唱えていたら、頭の中で光がパーンと爆発するように広がりました。

早く変わりたかったので、3日間は集中して唱えました。1万回以上唱えた思います。

するとと「なんでもできる感じ」が湧いてきました。

自分の可能性に気づくと、未来への不安がなくなります。

いろんな可能性を心にしっかり刻んで、自分を好きになると、自信が生まれて、自分を喜ばし、人から嫌なことを言われても「あ、そう」と気にしなくなりました。

これからも唱え続けます。

▼最初に唱えたときに「30倍の力を持っているなら、劣等感なんていらないやん!!」と劣等感を蹴り飛ばすイメージが浮かんできました。
とても気持ちが軽くなり、その後も「30倍の力を持っているから大丈夫」という言葉が出てきて、安心感のようなものに包まれています。

この言葉は最強です。とても前向きになっている気がします。

▼唱えてみると、みなぎるパワーがわいてきました。
自分の素晴らしさも10倍、20倍、30倍と増して、本当に自分は素晴らしい存在だと気

づきます。自分自身すべてが光のように感じます。

そして、自分の人生はまだまだ伸びしろがあるから、もっと人生を楽しんだほうがいいと素直に思えました。ハートもワクワクして、心と体が喜ぶのがわかりました。

▼「わたしは自分が思っている10倍、20倍、30倍のパワーがある。今は気がつかなくても、その力があることを認めます。自分でつくった病気は自分で癒す。わたしにはその力がある。今は回復に向かっている最中です」を唱えてみました。

▼わたしは病気で毎食後1〜数時間後に腹痛がありましたが、この言葉を唱えたら今のところ腹痛はありません。驚きです！　ありがたいです！
唱えていると、体の細胞にパワーが入っていく感じがしました。
難病と言われていますが、絶対に元気になります。

▼「自分でつくった病気は自分で癒す、わたしにはその力がある」と声に出して唱え始

めたとたんに、ブルブルっと身震いしました。びっくりです！

急に身体が軽くなったように感じられました。

▼足が悪くて歩くのが大変なのですが、足や股関節のことをあまり考えなくなりました。そして、「わたしは立ち上がれない」という自分の前提に気がつきました。これでは歩けないはずです。

この思い込みに気がついたので、進んでしゃがんだり、立ったりするようになりました。いい感じです。もう少しで歩けそうです。続けてみます。絶対に歩けるようになります。

敏感な方々の感想です。唱えたとたんに人生が変わり始めたと、皆さんおっしゃっています。

ぜひこの言葉を唱え続けて、人生を変えていってくださいね。

「（自分の名前）○○さんありがとう。わたしは自分が思っている10倍、20倍、30倍のパワーがある。今は気がつかなくても、その力があることを認めます。その力を使い、人生を謳歌します」

だから、自己否定していたら、もったいない。
悪口や愚痴で運気を落としたら、もったいない。
その力を否定して、使わないのはもったいない。

この言葉を皆さんで使いこなして、運気を変えていただけたら嬉しいです。
先が読めない世の中です。だからこそ、わたしたちそれぞれが、自分の持っている力を発揮して元気になり、強運になり、運気を上げていくことが必要なのではないかと感じています。

皆で、楽しい未来をつくっていきましょう。

おわりに

自分の中にとてつもない力が眠っている。

その力は発掘され、使われるのを待っている。

そんなのあるはずがない、嘘に決まっている。

みんなにはあるけどわたしにはない、と思っている人もいるかもしれませんが、そういった思い込みをどけて、素直に自分の中に力があることを認めてみませんか？


自分にはできない、自分は無理だという思い込みを持っている人は多くいるように思います。

先日もすごくかわいい絵をかくのに、「自分のイラストをみんなに見てもらいたいけど、自信がないんです」と言う方がいました。わたしはその絵を見て「自信がないという思い込みを外しさえしたら、すぐ売れそうなんだけどなぁぁ」と思いました。

自信がないと言えば言うほど、思えば思うほど、どんどん悪いほうに向かってしまいます。

また、自分はダメと言えば言うほど、思えば思うほど、事態は悪いほうに向かいます。自分で作った思い込み、それは自分で外すしか方法はありません。誰かがとってくれるものでもないのです。

わたしもパソコンが苦手で、プログラマーの知り合いに「今時パソコンができないとだめだよ。プログラミングやホームページぐらいできないとだめだよ」と言われ続けて、いやな気分になり、滅入ったことがあります。

悪気はないのかもしれませんが、ことあるごとに「あんたはパソコンができない」と言われ続けると、疲れてしまいます。

今でもパソコンは苦手だと思います。ただ、丁寧に教えてくれる人がいて、パワーポイントでテキストを作ったり、ホームページを直したりはできるようになりました。

今では、得意じゃないけど、一通りはできるよ、というマインドに代わっています。

人は変われます。

親にあんたはダメ、頭が悪い、出来が悪いと言われ続けると、それを信じてしまう人がいます。そして自分はダメなんだと信じ込み、何をやってもうまくいかなくなってしまいます。

親の意図はよくなってほしいから「あんたはダメね、（本当はもっとできるはずよ）」なのですが、親が後半を言葉にしなかったせいで「ダメ」だけが焼き付いてしまい、自分はダメなんだと思い込み、本来の自分の力を使えなくなってしまっています。もったいないです。

自分を否定して「自分はダメ」と思ったところで運気は上がりません。

「幸せでいたい、不安のない人生を送りたい、欲しいものを手にしたい」と思うのなら、「わたしは自分が思っている10倍、20倍、30倍のパワーがある。今は気がつかなくても、その力があることを認めます」

と唱えてみてはどうでしょうか？

言葉はエネルギーです。

だからまずは唱えてみましょう。

自己否定していると「そんなはずがない」という悪魔の声が聞こえてくるかもしれません。そんなときは、その悪魔にありがとうを唱えてみると、いつの間にか悪魔の声は聞こえなくなります。抵抗して言えないときは「抵抗している扁桃体」にありがとうを唱えてみるのもよいと思います。

唱えて心の奥底に落とし込んで、人生を楽しんでいただけたら幸いです。

誰でもこの法則を使ったら、人生を楽しめる。わたしはペルーの賢者からそう教わり、使ってきました。

この本を書きあげたときに、久しぶりに賢者の夢を見ました。

夢の中で彼は「宇宙の法則を伝えてくれてありがとう」と言って、笑顔で手を振っているんです。

「わたしはうまく伝えられるでしょうか?」と聞くと、「もちろんだよ。多くの人に伝えて、望む未来をつくり上げてね」と言って、去っていったところで目が覚めました。

目が覚めて「賢者さん、わたしに人生を思い通りにできる法則を教えてくださり、ありがとうございます。あの出会いで、わたしの人生は変わっていきました。感謝しかありません。おかげで人生を楽しんでいます。

そして、多くの人が才能開花し、人生を楽しめるように導く側になります」と伝えました。

今でもなぜわたしに教えてくれたのか、不思議です。

すべては周波数。

当時わたしは必死に、人生がうまくいく法則を探っていたのだと思います。

だから、教えてくれる人が現れたのでしょう。

「物事はシンプルだよ。考えすぎないほうがうまくいく。難しく考えるから、うまくいかなくなってしまうんだよ。直感に従うと、うまくいくよ。

願望は叶えるためにあるんだよ。

この宇宙の法則を使って、どんどん叶えなさい。

叶ったらうれしいでしょう？

人生は楽しむためにあるんだから。

生きていたら辛いことも起こるだろうけど、辛いことは学びだととらえて、辛いことや悲しみに浸らないこと。楽しいことにフォーカスしていくといいよ」と教えられて、最初は、「こんなに簡単でいいの？　素直に人生を楽しむって決めたらいいだけなの？」と、ペルーから帰ってきてしばらく混乱しましたが、実践して使っていくと、いいことがどんどん起こっています。

読者の皆さんも、最初は「言葉を変えたくらいで人生が変わるなら苦労はしないよ」などと思ってしまうかもしれません。

わたしもそう思った一人ですので、その気持ちはよくわかります。

でもリスクがあるわけではないので、気に入ったところから実践してみてください。

きっと、楽に生きられると思います。

本当にシンプルすぎるほどシンプルです。

わたしが皆さんに宇宙法則を伝えると、

「え、そんなにシンプルでいいんですか?」

「わたしは今まで、本当に余計なことをたくさんしていたな~と感じました」

「どうして自分は複雑に付け加えて変えちゃうのか?　どうせ自分にはできないという前提でいたことにも気がつきました」

「シンプルに幸せになりたいって思ったらいいだけなのに、どうせわたしには無理だからって、自ら不幸を選んでいたことに気づけました。バカでした」

こんな風におっしゃっていました。

わたしもまだ実践している途中です。

これからもいろいろなことに挑戦して、人生を楽しみたいと思っています。

賢者は天国から、見守ってくれているかな？

この宇宙法則を伝えなさいというバトンを渡され、まずは自分が使ってみて、身近な人たちに伝えてきて、本当に効果があると実感し、本で伝えることになりました。

わたしや宇宙法則を伝えたまわりの人たちは、願望が叶っています。

望んだものが叶っていくって、素敵だと思います。

わたしの今の望みは、この本を読んだ皆様が実践をして不安が減り、願望を達成してくださることです。

この本は瞑想で「読んだ人が元気になる、人生を楽しめますように」という思いを込めています。それが伝わることを祈って。

最後に上手に編集してくださった豊島裕三子さん、かわいいイラストを描いてくださった浅田恵理子さん、キュートなアルパカのカバーをデザインしてくれた三瓶可南子さん、そしてスタッフの門広美さん、姫井美穂さんと、支えてくださった多くの方に感謝を込めて。

2024年9月吉日

愛場千晶

愛場千晶（あいばちあき）

東京生まれ。東京育ち。セラピスト、瞑想家。

1993年からヒーリングを続けている。

山田孝男氏に10年間師事し、瞑想を教わり、神秘体験を数多く経験する。

瞑想で誰もが素晴らしい存在であると体感し、それを伝えている。

ナレーターコンパニオンをしていた時に、悲しくても笑わないといけない仕事で、ストレスをため込み、それを癒すためによく海外に出かけていた。

インドの聖者に会いに行き、ヒーリングをしろと言われたり、オーストラリアのエアーズロックでUFO を見たり、ペルーで出会った見知らぬ老人から人生がうまくいく法則を教えられたりと、数多くの不思議な体験をする。

主な著者に『一日一ページ自分を変える言葉』『自分の名前に「ありがとう」を唱えると奇跡が起こる』『自分の名前に「ありがとう」を唱えるとどんどん幸運になる』『自分の脳に「ありがとう」を唱えると不安脳・病気脳とさよならできる。』『自分の名前に「ありがとう」を唱えるとみるみる幸福ゾーンが開く』『「いい人」をやめて自分に「ありがとう」を唱えるともっと楽に生きられる。』（ともにコスモトゥーワン）がある。

https://healingroomai.com/

きみは自分が思っているより、
10倍、20倍、30倍の力があるんだよ

第1刷　2024年10月31日

著　者　愛場千晶
発行者　小宮英行
発行所　株式会社徳間書店
〒141-8202　東京都品川区上大崎3-1-1
目黒セントラルスクエア
電　話　編集(03)5403-4344／販売(049)293-5521
振　替　00140-0-44392

印刷・製本　中央精版印刷株式会社

乱丁・落丁はお取り替えいたします。

ISBN978-4-19-865900-4

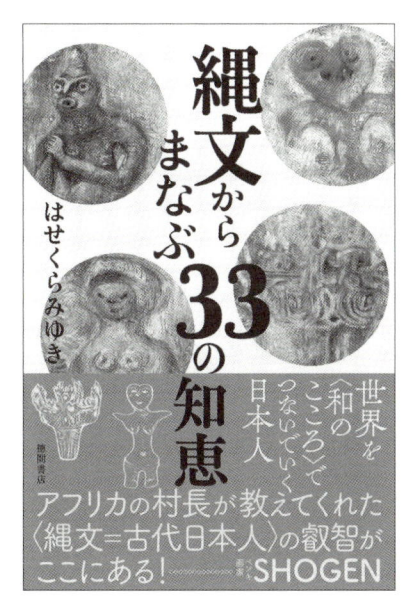